W0171096

Hallwag
Taschenbuch

19
Zoologie

Käfer

und andere Insekten

C. A. W. Guggisberg
Überarbeitet von
René Wyniger
und Willi Eglin

Hallwag Verlag
Bern und Stuttgart

Umschlagfoto:
Hans Pfletschinger
Farbtafeln:
E. Hunzinger

10., veränderte Auflage, 1979
© 1946 Hallwag AG Bern
Gesamtherstellung: Hallwag AG Bern
ISBN 3 444 50018 1

Inhalt

Anmerkung:
Nach Möglichkeit sind in diesem Taschenbuch die deutschen Namen der abge-
bildeten Insekten angeführt worden; die wissenschaftlichen Namen findet der
Leser im Register. Für einige Arten gibt es jedoch keine gebräuchlichen deutschen Bezeichnungen, so daß es unmöglich war, wissenschaftliche Namen aus
dem Textteil ganz fernzuhalten. Diese entstammen teils der lateinischen, teils der
griechischen Sprache und sind zweiteilig. Der erste bezeichnet die Gattung, der
zweite die Art.

Insektenarten	Anzahl der Arten	Insektenarten	Anzahl der Arten
Springschwänze	2 000	Libellen	4 900
Zottenschwänze	700	Netzflügler	4 500
Termiten	1 750	Schnabelfliegen	300
Fransenflügler	3 000	Köcherfliegen	4 200
Staubläuse	1 000	Fächerflügler	250
Tierläuse	3 300	Schmetterlinge	120 000
Geradflügler	28 500	Käfer	275 000
Wanzen + Pflanzensauger	33 000	Hautflügler	106 000
Eintagsfliegen	1 400	Fliegen + Mücken	85 000
Steinfliegen	1 600	Flöhe	1 000

Einleitung

Ungeheuer groß ist das Heer der Insekten. Überall treffen wir diese kleinen Tiere an, in Feld, Wald und Garten, in unseren Häusern, im Wasser und in der Erde, sogar in die unwirtliche Region des ewigen Eises senden sie ihre Vorposten. Manche leben als Schmarotzer auf oder in anderen Tieren, sehr viele hausen zeitweise oder während ihres ganzen Lebens im Holz von Bäumen, in Pflanzenstengeln oder im Blattgewebe. Gegen 1 000 000 Arten sind bis heute beschrieben worden, wogegen das ganze übrige Tierreich nur etwa 110 000 Arten umfaßt. Mindestens 75 % aller Tierarten gehören zur Klasse der Insekten. Die Käfer weisen die bei weitem größte Artenzahl auf, gefolgt von den Schmetterlingen und den Hautflüglern (vgl. nebenstehende Tabelle).

Zu dieser wahrhaft erstaunlichen Formenfülle kommen aber für viele Arten ganz ungeheure Individuenzahlen. Das Gewimmel in einem Ameisenhaufen oder auf einer Ameisenstraße, die Schwärme der Federmücken, die an einem schönen Sommerabend wie Rauchwolken auf und nieder wogen, die zahllosen Köcherfliegen, die zu gewissen Zeiten an den Ufern unserer Flüsse fliegen, das sind Erscheinungen aus dem Insektenleben, die einem jeden bekannt sind und die nicht übersehen werden können. Noch eindrücklicher wird das massenhafte Auftreten einer Insektenart, wenn es sich um einen gefährlichen Schädling handelt. Da kann es in besonders schlimmen Fällen denn vorkommen, daß weiterum alle Kohlfelder von Hunderttausenden von Kohlweißlingsraupen kahlgefressen, ganze Wälder von den Raupen des Goldafters und des Kiefernspinners vernichtet werden. Wir haben alle schon Laubbäume gesehen, die von Maikäfern ihres Blätterschmuckes fast vollständig beraubt wurden, und wir wissen, was für Maßnahmen ergriffen werden müssen, um in «Käferjahren» diese Verheerungen in erträglichen Grenzen zu halten. Die Insekten sind eine Großmacht, mit der wir in beständigem unerbittlichem Kriege stehen. Sie zerstören unsere Kulturen und unsere Vorräte, sie schädigen unsere Haustiere, belästigen uns und bedrohen sogar unsere Gesundheit. Mücken und Bremsen vermögen einen Menschen fast zur Verzweiflung zu treiben, und wenn wir auch vielerorts der Flöhe, Läuse und Wanzen Herr geworden sind, so ist das doch noch bei weitem nicht überall der Fall. Zu dem Ungemach, das alle diese Blutsauger durch ihre Stiche verursachen, kommt der Umstand, daß viele von ihnen Überträger gefährlicher Krankheiten sind. Sogar die allgegenwärtige und meist kaum beachtete Hausfliege ist alles andere als ein harmloses Geschöpf, wenn sie es auch nicht auf unser Blut abgesehen hat. Erst treibt sie sich auf Mist und Kot herum, dann kommt sie ins Haus und setzt sich mit Vorliebe auf Nahrungsmittel aller Art. Es ist deshalb unbedingt notwendig, Eßwaren immer unter fliegensicherem Verschluß zu halten!

Zum Glück besitzen wir jedoch in den Reihen der Insekten selbst zahlreiche vortreffliche Verbündete im Kampfe gegen diese Schädlinge, denn ganz abgesehen von den Arten, die räuberisch auf Kosten ihrer Stammesverwandten leben, kennen wir sehr viele, die ihre Entwicklung als Schmarotzer in anderen Insekten und vor allem in Insektenlarven durchmachen, wie die Schlupfwespen und die Raupenfliegen. Andere wieder, von denen hier besonders die Wegwespen und Sandwespen erwähnt seien, versorgen ihre Larven mit einem reichlichen Vorrat gelähmter Raupen.

Neben «schädlichen» und «nützlichen» Arten gibt es jedoch unzählige Insekten, die für uns wirtschaftlich vollkommen bedeutungslos sind, die aber nicht selten durch herrliche Farben, seltsame Gestalt oder merkwürdige Lebensgewohnheiten unsere Aufmerksamkeit zu erregen vermögen und zu interessanten Beobachtungen Anlaß geben. Wer sich mit den Insekten näher befassen will, der muß sie zuerst kennenlernen, was bei dem ungeheuren Artenreichtum keine leichte Aufgabe ist. Es ist natürlich ganz und gar unmöglich, im Rahmen eines kleinen Taschenbuches einen auch nur annähernd vollständigen Überblick der Insekten unseres Landes zu vermitteln, dazu würde selbst ein dickleibiger Foliant nicht ausreichen! Es kann nur darum gehen, den Leser mit den Ordnungen und wichtigsten Familien vertraut zu machen und ihm eine Reihe der häufigsten und auffallendsten Arten vorzuführen, denen er auf seinen Wanderungen etwa begegnen mag. Auch einige allgemeine Bemerkungen über Bau und Entwicklung der Insekten werden ihm sicherlich von Nutzen sein.

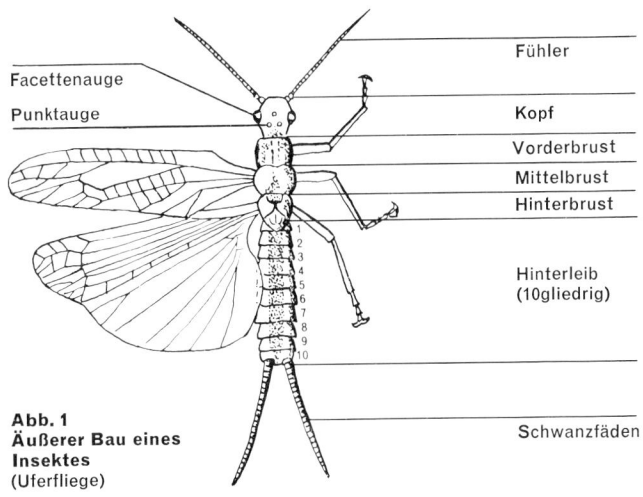

Fühler

Facettenauge

Punktauge

Kopf

Vorderbrust

Mittelbrust

Hinterbrust

Hinterleib
(10gliedrig)

Schwanzfäden

**Abb. 1
Äußerer Bau eines
Insektes**
(Uferfliege)

Der äußere Bau der Insekten

Wer einmal auch nur flüchtig ein Insekt betrachtet hat, dem ist ohne
Zweifel die Dreiteilung des Körpers in **Kopf, Brust** und **Hinterleib**
aufgefallen. Eine etwas genauere Untersuchung ergibt, daß Brust und
Hinterleib noch weiter gegliedert sind. Besonders deutlich ist diese
Unterteilung am **Hinterleib** zu erkennen, der aus bis zu 11 Ringen
oder Segmenten besteht. Es ist allerdings oft schwierig, die genaue
Zahl dieser Glieder zu ermitteln, da besonders die Endsegmente meist
teilweise verschmolzen oder umgestaltet sind. Die einzelnen Ringe
sind durch dünne Intersegmentalhäute miteinander verbunden. Jeder
Ring setzt sich aus einer Rückenplatte und einer Bauchplatte zusammen, wozu noch 2 Seitenplatten kommen können. Die Platten bestehen aus einer hornähnlichen Substanz, dem **Chitin.** Diese mehr oder
weniger starre, oft panzerartig harte Körperbedeckung bedingt den
segmentierten Bau des Insektenleibes, der ohne diese Gliederung
vollkommen unbeweglich wäre. Durch die Segmente wird der Körper
in der Längsrichtung biegsam, während die Aufteilung der Ringe in

7

Platten ihm die Möglichkeit gibt, sich auszudehnen – man beobachte einmal einen «pumpenden» Maikäfer!

Weniger leicht als die Hinterleibsringe sind die oft weitgehend miteinander verwachsenen Segmente des **Bruststückes** zu unterscheiden. Es sind aber immer drei Brustringe vorhanden, die als Vorder-, Mittel- und Hinterbrust bezeichnet werden und von denen jeder ein Beinpaar trägt. Genau wie der Körper, so muß auch das Insektenbein gegliedert sein, damit es bewegt werden kann. Es besteht denn auch aus mehreren Chitinröhren, die durch Scharnier- und Kugelgelenke verbunden sind; das Ganze läßt sich am besten mit den Arm- und Beinschienen einer Ritterrüstung vergleichen. Die Einzelteile des Beines heißen: Hüfte, Schenkelring, Oberschenkel, Schiene und Fuß. Der Fuß besteht

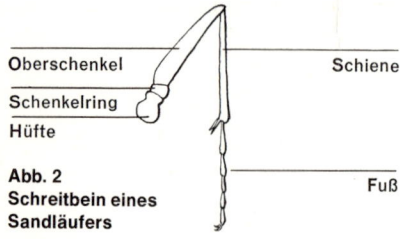

Oberschenkel

Schenkelring

Hüfte

Schiene

Fuß

**Abb. 2
Schreitbein eines
Sandläufers**

aus einer verschieden großen Zahl von Gliedern (1–5) und endet meist in einem Klauenpaar. Gegliederte Beine besitzen außer den Insekten auch die Krebse, Tausendfüßler und Spinnen, weshalb man diese Tierklassen gemeinsam mit den Insekten im Stamme der **Gliederfüßler** (Arthropoden) zusammenfaßt. Von allen anderen Gliederfüßlern unterscheiden sich die Insekten aber durch die Sechszahl der Beine. Im übrigen können ihre Gliedmaßen innerhalb des oben erwähnten Bauplanes recht verschieden ausgebildet sein. Am verbreitetsten sind Schreitbeine, wie wir sie beispielsweise bei Laufkäfern, Schaben und Sandwespen finden, daneben kommen aber vor: Sprungbeine (Heuschrecken, Flöhe), Grabbeine (Maulwurfsgrille, Roßkäfer), Schwimmbeine (Schwimmkäfer), Fangbeine (Gottesanbeterin), Sammelbeine (Biene) und Putzbeine (Fleckenfalter).

Die meisten Insekten besitzen zwei Flügelpaare: Die Vorderflügel setzen an der Mittelbrust an, die Hinterflügel an der Hinterbrust. Sie sind als Ausstülpungen der Rückenplatten zu betrachten, und jeder Flügel besteht aus zwei dünnen Chitinplatten, zwischen denen ein stützendes Gerüstwerk von «Adern» liegt, das oft sehr stark netzartig ver-

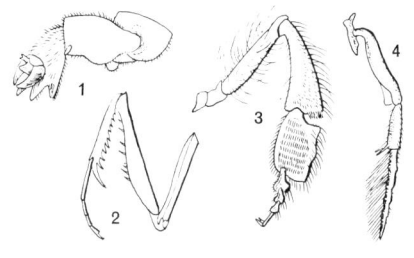

Abb. 3
Verschiedene
Insektenbeine

1 Grabbein
  (Maulwurfsgrille)
2 Fangbein
  (Gottesanbeterin)
3 Sammelbein
  (Honigbiene)
4 Schwimmbein
  (Gelbbrand)

zweigt sein kann. Die Hinterflügel der Fliegen und Mücken sowie der männlichen Schildläuse sind verkümmert und haben die Form winziger kleiner, stecknadelartig geformter «Schwingkölbchen» angenommen. Bei den Käfern sind die Vorderflügel zu hornigen Flügeldecken verhärtet, unter denen die Hinterflügel in der Ruhe zusammengefaltet liegen, sofern sie nicht fehlen wie bei manchen Laufkäfern und Rüsselkäfern. Einige Käferarten (Hirschkäfer, Maikäfer) heben im Fluge die Flügeldecken empor, so daß diese als Tragflächen wirken, während die häutigen Hinterflügel für die Fortbewegung sorgen; andere Arten, z. B. der Rosenkäfer, lüften die Flügeldecken nur gerade so weit, daß die Hinterflügel sich unter ihren Rändern seitwärts entfalten können. Flatterflug oder gar Segelflug finden wir nur bei größeren Faltern, bei weitaus den meisten Insekten herrscht der Schwirrflug vor, der durch außerordentlich rasche Flügelbewegungen zustande kommt. Eine Biene schlägt 190mal, eine Mücke sogar 300mal in der Sekunde, wobei der von der Flügelspitze zurückgelegte Weg die Form einer langgestreckten, schiefliegenden Acht hat. Beim Heben des Flügels wird die Flugfläche durch Schrägstellung, bei den Wespen auch durch Längsfaltung verringert, nur beim Niederschlagen kommt es zu einer vollen Ausnützung der Flugfläche. Viele Insekten haben die Fähigkeit, längere Zeit an ein und derselben Stelle schwirrend zu verharren; die Libellen, die gewandtesten Flieger von allen, vermögen sogar rückwärts zu fliegen. Sie sind die einzigen Insekten, die beide Flügelpaare unabhängig voneinander bewegen können. Bei den meisten Arten wird das hintere Flügelpaar zusammen mit dem vorderen bewegt, und es bestehen Vorrichtungen verschiedener Art, durch welche Vorder- und Hinterflügel verbunden und zu einer Einheit gemacht werden. Bei den Bienen und Wespen geschieht dies durch kleine Häkchen am Vorderrande des Hinterflügels. Während die beiden hinteren Brustabschnitte, welche die Flügel tragen und die Flugmuskulatur enthalten, meist zu einer festen Kapsel verschmolzen sind, bleibt die Vorderbrust oft frei und ist bei Käfern, Geradflüglern und wanzenartigen Insekten schildartig erweitert (Halsschild); bei den meisten anderen Insekten zeigt sie sich nur als ein schmales, ringförmiges Segment.

An die Vorderbrust fügt sich der **Kopf** mit seinen Anhängen, unter denen besonders die gegliederten Fühler auffallen. Sie können borstenförmig, fadenförmig oder perlschnurförmig, gesägt, gekämmt oder gefiedert sein. Endlich unterscheidet man auch noch gekniete Fühler, keulenförmige Fühler und Fächerfühler, welch letztere in einer aus beweglichen Blättern bestehenden Keule enden. Ganz allgemein dienen die Fühler dem Tastsinn und tragen auch Geruchsorgane, was den Ameisenforscher Forel veranlaßte, sie als «riechende Hände» zu bezeichnen. An den Kopfseiten liegen die meist großen, oft stark vorgewölbten Augen. Es sind Facettenaugen, die sich aus einer mehr oder weniger großen Zahl von Teilaugen zusammensetzen. Je mehr Teilaugen vorhanden sind, desto besser ist das Auflösungsvermögen und somit die Sehleistung des Gesamtorganes. Die Arbeiter gewisser

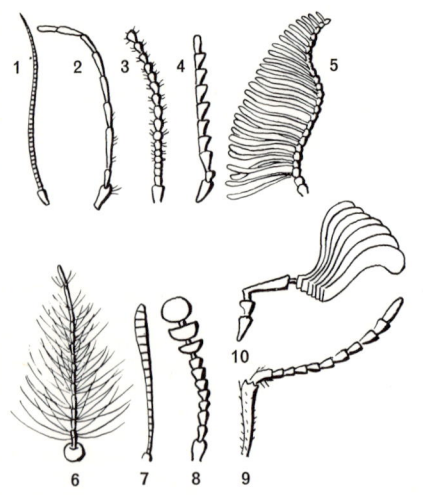

Abb. 4
Fühler

1 borstenförmig
  (Küchenschabe)
2 fadenförmig
  (Sandläufer)
3 perlschnurförmig
  (viele Käfer)
4 gesägt
  (Schnellkäfer)
5 gekämmt
  (Blattwespe)
6 gefiedert
  (Stechmücke)
7 keulenförmig
  (Nachtfalter)
8 keulenförmig
  (Totengräber)
9 fächerförmig
  (Maikäfer)
10 gekniet
  (Ameise)

Ameisenarten besitzen nur ein halbes Dutzend Teilaugen, wogegen das Auge einer Hausfliege 4000 und dasjenige eines Schwärmers 12 000 bis 17 000 Teilaugen enthält. Unter den Libellen soll es Arten mit mehr als 28 000 Teilaugen geben. Neben den Facettenaugen besitzen viele Insekten noch sehr einfach gebaute optische Organe, Punktaugen oder Ocellen, die in den meisten Fällen wahrscheinlich kein Bild zu erzeugen vermögen. Vermutlich vermag das Tier damit nur zwischen Hell und Dunkel zu unterscheiden und die Richtung zu erkennen. Bei Insektenlarven sind oft keine Facettenaugen vorhanden, wohl aber eine Anzahl von Punktaugen.

Ihrer verschiedenartigen Gestaltung wegen von großem Interesse sind die **Mundteile** oder **Mundgliedmaßen** der Insekten. Als Grundtypus gelten die kauenden Mundteile, wie wir sie bei der Küchenschabe, bei den Heuschrecken, Käfern und Schmetterlingsraupen finden. Es lassen sich erkennen: eine einfache, lappenartige Oberlippe; 2 Oberkiefer, bei den Fleischfressern als Beißzangen, bei den Pflanzenfressern als Kauplatten ausgebildet; 2 Unterkiefer, die beide aus einem unbeweglichen, gezahnten Teil, der Innenlade, und einer beweglichen

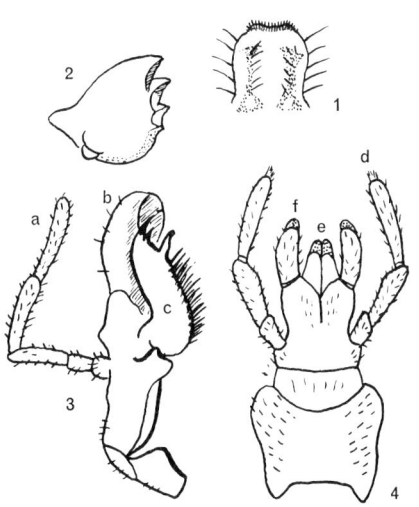

Abb. 5
Kauende Mundteile
der Küchenschabe

1 Oberlippe
2 Oberkiefer
3 Unterkiefer
  a Kiefertaster
  b Außenlade
  c Innenlade
4 Unterlippe
  d Lippentaster
  e Zunge
  f Nebenzunge

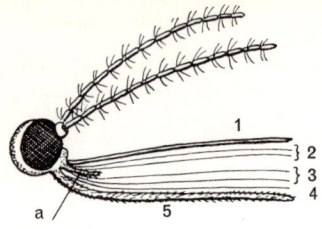

Abb. 6
Stechend-saugende
Mundteile einer
Stechmücke

1 Oberlippe
2 Oberkiefer
3 Unterkiefer
a Kiefertaster
4 Mittelpolster
  der Unterlippe
5 Unterlippe

helmartigen Scheide, der Außenlade, bestehen und einen fühlerarti-
gen, gegliederten Taster besitzen; eine Unterlippe mit der Zunge, 2
Nebenzungen, 2 Tastern und dem Unterlippenpolster (Hypopharynx).
Diese Mundteile sind von der Natur in Anpassung an verschiedene
Ernährungsformen mannigfach abgewandelt worden, und wir unterscheiden außer dem oben beschriebenen Grundtypus kauend-lek-
kende, stechend-saugende und saugende Mundteile. Die kauend-lek-
kenden Mundteile der Biene zeichnen sich durch die stark verlängerte
Zunge aus. Diese ist behaart, ihre Ränder sind eingebogen, und an
ihrem vorderen Ende ist ein kleiner, löffelförmiger Anhang zu bemer-
ken. Dieses «Löffelchen» dient dazu, den Nektar aus den Blüten zu
schöpfen und in die Saugrinne der Zunge zu bringen. Die Innenladen
der Unterkiefer erscheinen nur als kleine, polsterförmige Gebilde, da-
gegen sind die Außenladen groß und bilden zusammen mit den Unter-
lippentastern ein Rohr, das die Zunge umschließt. Die Oberkiefer sind
zangenförmig und dienen zum Einsammeln und Verzehren von Blütenstaub sowie zur Bearbeitung des Wachses, aus dem die Waben
gebaut werden. Bei den blutsaugenden Mücken und Fliegen sind die

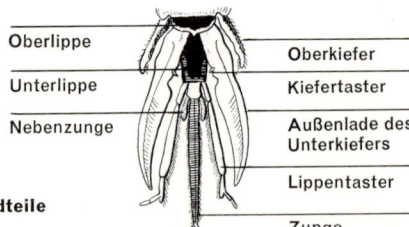

Oberlippe

Unterlippe

Nebenzunge

Oberkiefer

Kiefertaster

Außenlade des
Unterkiefers

Lippentaster

Zunge

Abb. 7
Kauend-leckende Mundteile
der Honigbiene

Oberkiefer, die Unterkiefer und das Mittelpolster der Unterlippe als stilettförmige Stechborsten ausgebildet, umschlossen von einem aus Unter- und Oberlippe bestehenden Rüssel. Die Stechborsten durchbohren die Haut des Opfers und bringen das Blut zum Fließen, das dann durch den Rüssel aufgesaugt wird. Die Schmetterlinge endlich, die von Blütennektar und Honigtau, vom Saft blutender Bäume und überreifer Früchte leben, weisen Mundteile eines rein saugenden Typus auf. Die Oberkiefer sind verkümmert, desgleichen die Innenladen der Unterkiefer, während die Außenladen den langen Saugrüssel bilden. Die Unterlippe ist nur klein, doch sind Unterlippentaster vorhanden.

Die Entwicklung der Insekten

Jedermann weiß, daß ein Schmetterling nicht gleich als Falter geboren wird, sondern daß er eine lange, indirekte und wunderbare Entwicklung mit Metamorphose durchlaufen muß. Aus dem Ei schlüpft eine Raupe, die sogleich zu fressen beginnt und unermüdlich weiterfrißt, bis das wenig dehnbare Chitinkleid ihr zu eng wird. Sie wirft es ab und benützt die Zeit, bis das neue Kleid erhärtet ist, um ein gehöriges Stück zu wachsen. Auf diese Weise häutet sie sich 3- bis 7mal, um dann zur Verpuppung zu schreiten. Innerhalb der Puppenhülle spielt sich nun in aller Stille die erstaunliche Verwandlung ab, die aus der kriechenden Raupe das leicht beschwingte, zarte Falterwesen werden läßt. Ganz ähnlich verläuft auch die Entwicklung von vielen anderen Insekten. Käfer, Hautflügler, Zweiflügler, Köcherfliegen, Netzflügler und Flöhe beginnen alle ihr Leben als **Larve**, die nach Aussehen und Lebensweise auch nicht die geringste Ähnlichkeit mit dem fertigen, meist geflügelten Insekt aufweist und nicht fortpflanzungsfähig ist.

Insektenlarven können sehr verschieden aussehen (vgl. Abb. 9). Besitzen sie 3 Paar gegliederte Brustfüße und eine wechselnde Anzahl fleischiger, ungegliederter Bauchfüße, so bezeichnet man sie als Raupen. Dieser Larventypus kommt nicht nur bei den Schmetterlingen vor, sondern auch bei den Blatt- und Holzwespen sowie bei der Skorpionfliege. Käferlarven haben im allgemeinen nur Brustfüße. Manche von ihnen, die in der Erde in faulem Holz oder in Kot leben, zeichnen sich durch einen dicken, eingekrümmten, weißen Leib aus und sind als **Engerlinge** bekannt. Die Larven der Fliegen, die **Maden,** sind vollkommen fußlos. Wie bei den Schmetterlingen schiebt sich auch bei den Käfern, Hautflüglern und den anderen oben genannten Insektenordnungen ein Ruhestadium – die **Puppe** – zwischen die Larve und das fertige Insekt. Man unterscheidet drei Typen von Insektenpuppen: die **freie Puppe,** bei der die Flügel, Beine und Fühler als freie, äußere Anhänge zu sehen sind (Käfer, Hautflügler, Köcherfliegen), die mit einer Haut überzogene, aber doch deutlich gegliederte **gedeckte Puppe oder Mumienpuppe** (Schmetterlinge, einige Käfer und Fliegen) und die **Tönnchenpuppe,** die in der letzten Larvenhaut eingeschlossen bleibt (Fliegen). Ein Insekt, das die Puppenhaut verlassen hat, ist fertig ausgebildet und wächst nicht mehr. Eine kleine Fliege ist nicht eine «junge Fliege», sondern sie gehört einer kleinen Fliegenart an und wird nicht größer. Folgt auf ein Larvenstadium eine Puppenform, so spricht man von vollständiger Verwandlung (Schmetterlinge, Käfer) im Gegensatz zur «unvollständigen Verwandlung» ohne Puppenform (Libellen).

Nicht alle Insekten machen im Laufe ihrer Entwicklung eine Metamorphose durch. Viele Insekten, wie z.B. Heuschrecken und Wanzen, haben eine direkte Entwicklung mit Jungtieren (Abb. 10).

Abb. 8
Entwicklungszyklus des Kartoffelkäfers

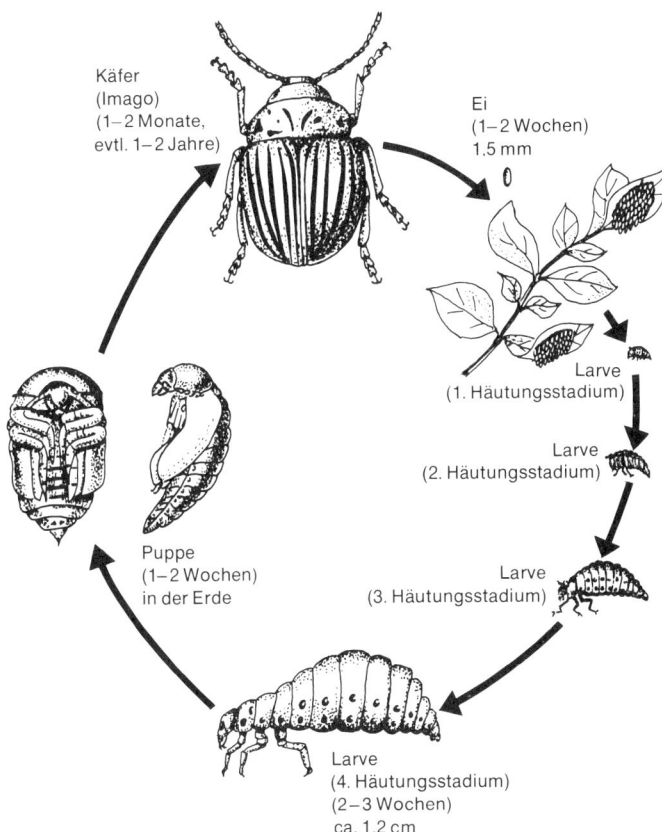

Käfer
(Imago)
(1–2 Monate,
evtl. 1–2 Jahre)

Ei
(1–2 Wochen)
1,5 mm

Larve
(1. Häutungsstadium)

Larve
(2. Häutungsstadium)

Larve
(3. Häutungsstadium)

Puppe
(1–2 Wochen)
in der Erde

Larve
(4. Häutungsstadium)
(2–3 Wochen)
ca. 1,2 cm

Abb. 9
Larven und Puppen

Larventypen

apod (beinlos)

1 Fliegenmade
2 Schnakenlarve
3 Bienenmade
4 Rüsselkäfermade
5 Stechmückenlarve

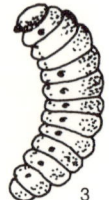

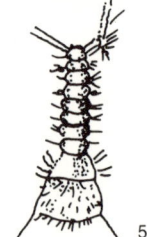

oligopod (wenigfüßig)
(nur 6 gegliederte Brustbeine)

6 Holzwespenlarve
7 Bockkäferlarve
   (Seiten- und Rückenansicht)
8 Kamelhalsfliegenlarve
   (Seiten- und Rückenansicht)

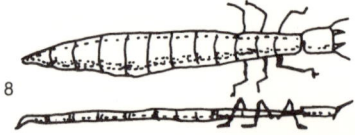

9 Engerling
10 Blattkäferlarve
11 Blattlauslöwe

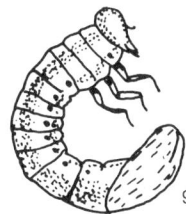

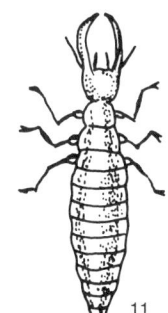

polypod (vielfüßig)
a. 6 gegliederte Brustbeine
b. Bauchfüße-Nachschieber

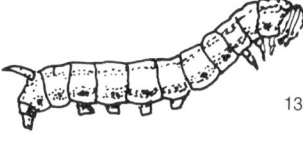

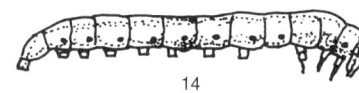

12 Spannerraupe
13 Schwärmerraupe
14 Afterraupe (Blattwespe)

Puppentypen

1 Freie Puppe
  (Schlupfwespe)
2 Gedeckte Puppe
  (Schwärmer)
3 Tönnchenpuppe
  (Fliege)

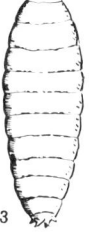

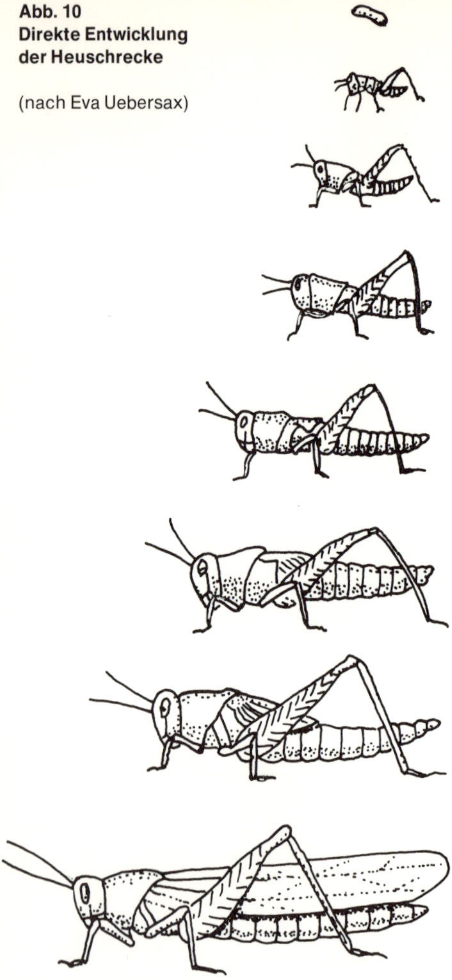

**Abb. 10
Direkte Entwicklung
der Heuschrecke**

(nach Eva Uebersax)

Ei

1. Stadium

2. Stadium

3. Stadium

4. Stadium

5. Stadium

6. Stadium

7./8. Stadium
Imago

Die Typen der Insektenentwicklung (vereinfacht)

Entwicklungs-Typ	Embryonal-Entwicklung	Freß-Stadien + Wachstum + Häutungen	Metamorphose-Stadien (Ruhestadien äußerlich)	Imago Geschlechtsreife, evtl. Flugfähigkeit
Direkte Entwicklung aller oder fast aller Organe; ohne Larven, ohne Metamorphose Ei-Jungtier-Imago		Jungtier evtl mit Flügeltaschen (siehe Abb 10)		Ur-Insekten Geradflügler Schaben Wanzen Pflanzenläuse Tierläuse Termiten
Indirekte Entwicklung mit *unvollständiger* Metamorphose Ei-Larve-Imago	Embryo (ovipar) (larvipar)	Larve mit Flügeltaschen (exopterygote Larve)	Letztes Larvenstadium zuletzt ohne Nahrungsaufnahme und ruhig (einzelne Organe in Metamorphose)	Eintagsfliegen Uferfliegen Libellen
Indirekte Entwicklung mit *vollständiger* Metamorphose Ei-Larve-Puppe-Imago		Larve ohne Flügeltaschen (endopterygote Larve) Larve Made Engerling Raupe	Innerhalb einer Puppenwiege (Kokon, Tönnchen, Gürtel usw.) Vorpuppe ⟶ Puppe in der Puppenwiege eingekrümmt liegende Larve; a) freie Puppe b) Mumienpuppe	Netzflügler Köcherfliegen, Mücken Flöhe, Fliegen Hautflügler inkl. Blattwespen, Käfer Schmetterlinge

Definition der Larve
Die Larve ist ein Jugendstadium mit speziellen Jugendorganen (= transitorische Organe = Larvenorgane), die während der Metamorphose durch Histolyse (Gewebe-Abbau) abgebaut werden.

19

Schlüssel zur Bestimmung von Insekten

In dem nachfolgenden einfachen Schlüssel zu den Ordnungen der Insekten wurden nur Merkmale benützt, die von bloßem Auge oder mit Hilfe eines guten Vergrößerungsglases leicht erkennbar sind und die von jedermann ohne weiteres ermittelt werden können. Der Schlüssel gilt nur für vollausgebildete Insekten, nicht aber für Larvenformen. Man beginne mit der Bestimmung eines Insekts bei Ziffer 1 und suche unter der jeweils angegebenen Ziffer weiter, bis die Ordnung (fett gedruckt) gefunden ist.

1   Mehrheitlich geflügelt (Ziffer 7)
    – Ungeflügelt (Ziffer 2)
2   Als Schmarotzer auf Tieren und Menschen (Ziffer 5)
    – Freilebend (Ziffer 3)
3   Mit Saugrüssel ausgestattet: Manche **Pflanzensauger** (viele Blattläuse, W. der Schildläuse)
    – Ohne Saugrüssel (Ziffer 4)
4   Hinterleib 11gliedrig: **Zottenschwänze** S. 21
    – Hinterleib 6gliedrig, besitzen eine Springgabel: **Springschwänze** S. 17
5   Körper plattgedrückt, Füße mit starken Klauen versehen (Ziffer 6)
    – Körper seitlich zusammengedrückt; Sprungbeine: **Flöhe** S. 27
6   Mundteile beißend: **Vogelläuse** S. 22
    – Mundteile stechend-saugend: **Läuse** S. 22
7   Mehrheitlich 4 Flügel (Ziffer 8)
    – 2 Flügel; Hinterflügel zu Schwingkölbchen umgewandelt: **Zweiflügler**. Einige **Pflanzensauger** (M. der Schildläuse) S. 26, S. 42
8   Beide Flügelpaare schmal, federartig, ringsum befranst: **Fransenflügler** S. 25
    – Flügel nicht federartig (Ziffer 9)
9   Flügel mehr oder weniger dicht behaart oder beschuppt (Ziffer 10)
    – Flügel nicht behaart oder beschuppt, höchstens bestäubt (Ziffer 11)
10 Flügel dicht behaart: **Köcherfliegen** S. 24, S. 30
    – Flügel dicht mit farbigen Schuppen bedeckt: **Schmetterlinge** S. 26
11 Alle 4 Flügel häutig (Ziffer 15)
    – Vorderflügel ganz oder teilweise verdickt (Ziffer 12)
12 Basis der Vorderflügel lederig, Spitze häutig: **Wanzen** S. 26, S. 40
    – Ganzer Vorderflügel derb (Ziffer 13)

13 Vorderflügel pergamentartig, mit deutlich erkennbarer Äderung: **Geradflügler** S. 25, S. 34
　　– Vorderflügel lederig oder hornig, ohne Änderung (Ziffer 14)
14 Vorderflügel verkürzt; Hinterleib mit großer Greifzange: **Ohrwürmer** S. 34
　　– Vorderflügel meist ungefähr so lang wie Hinterleib; wenn verkürzt, dann Hinterleib ohne Greifzange: **Käfer** S. 27, S. 44
15 Alle Flügel ungefähr gleich groß, dicht netzartig geädert; oft Basis der Hinterflügel etwas breiter als Vorderflügel (Ziffer 16)
　　– Hinterflügel wesentlich kleiner als Vorderflügel (Ziffer 19)
16 Flügel in der Ruhe ausgebreitet oder nach oben geklappt: **Libellen** S. 24, S. 32
　　– Flügelhaltung in der Ruhe anders (Ziffer 17)
17 Flügel in der Ruhe dachförmig über den Hinterleib gelegt: **Netzflügler** S. 19, S. 23
　　– Flügel in der Ruhe flach über den Hinterleib gelegt (Ziffer 18)
18 Kopf schnabelartig nach unten verlängert, M. mit Greifzange am Hinterleibsende: **Schnabelhafte** S. 19, S. 23
　　– Kopf nicht schnabelartig verlängert, Hinterleibsende oft mit Schwanzfäden: **Uferfliegen** S. 19, S. 23
19 Flügel in der Ruhe dachförmig über den Hinterleib gelegt; Saugrüssel auf der Unterseite des Kopfes, nahe der Brust: **Pflanzensauger** S. 26, S. 42
　　– Flügel in der Ruhe nicht dachförmig über den Rücken gelegt (Ziffer 20)
20 Äderung nicht sehr dicht; Vorder- und Hinterflügel einer Seite durch kleine Häkchen verbunden: **Hautflügler** S. 27, S. 68
　　– Äderung dicht, netzartig; Flügel in der Ruhe emporgeklappt; Vorderflügel viel größer als Hinterflügel, letztere zuweilen fehlend: **Eintagsfliegen** S. 24, S. 30

1. Zottenschwänze (Thysanura). Unscheinbare, zart gebaute, flügellose Insekten. Körper oft mit kleinen Schüppchen bedeckt. Die drei Brustringe sind deutlich erkennbar. Hinterleib 11gliedrig. Hinterleibsringe auf der Unterseite mit stiftförmigen Anhängen. 3 Schwanzfäden. Zwei Arten sind erwähnenswert:
a) **Felsenspringer:** Graubraun, 12 mm lang; an Steinen und Felsen, im Gebirge bis in die Schneestufe hinauf; lebt von Flechten.
b) **Silberfischchen:** Silberweiß, 9 mm; lebt in Häusern; tagsüber in Ritzen verborgen, kommt nachts zum Vorschein, ernährt sich von Mehl, Zucker und anderen Eßwaren, benagt Wollstoffe, Leder, Papier.
2. Springschwänze (Collembola). Sehr kleine, flügellose Insekten; sind mit einer Springgabel ausgerüstet, mit deren Hilfe sie sich hüp-

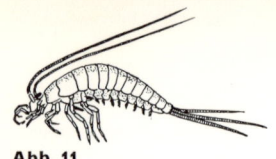

Abb. 11
Felsenspringer

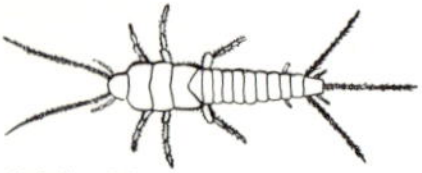

S 〜〜〜 Abb. 13
Gletscherfloh
S = Springgabel

Abb. 12
Silberfischchen

Abb. 14
Vogellaus

Abb. 15
Menschenlaus

fend fortbewegen. Hinterleib 6gliedrig. Bevorzugen feuchte Orte, hüp-
fen oft auf Wasserflächen herum und erscheinen meist in großer Zahl,
so daß sie auf dem Boden zuweilen dunkle Flecken bilden. Zu den
Springschwänzen gehört der **Gletscherfloh,** ein 2,5 mm langes,
schwarzes Tier, das auf Schnee und Eis lebt und sich von verwehten
Pflanzenteilen, besonders von Pollenstaub, ernährt.

3. Vogelläuse, Federlinge (Mallophaga). Sehr kleine, ungeflügelte Insekten, die als Schmarotzer auf Vögeln, seltener auf Säugetieren leben. Mundteile beißend, dienen dazu, kleine Stückchen von Federn
oder Haaren abzubeißen. Körper abgeflacht. Füße mit 1−2 Klauen.
Unvollständige Verwandlung.

4. Läuse (Siphunculata). Kleine, flügellose Insekten mit abgeflachtem
Körper und stechend-saugenden Mundteilen. Jeder Fuß mit 1 Klaue.
Leben als Schmarotzer auf Menschen und Säugetieren. Die bekannte-
ste Art ist die **Menschenlaus,** die in 2 Rassen auftritt: die kleinere, dunklere
Kopflaus, die ihre Eier an den Kopfhaaren ablegt, und die größere,
hellere **Kleiderlaus,** die sich in den Falten und Nähten von Kleidungs-

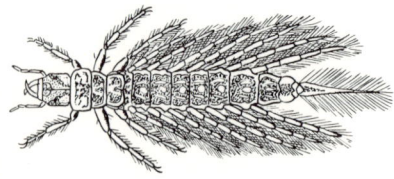

Abb. 16
Larve
der Schlammfliege

Am 1. bis 7. Hinterleibs-
segment je 2, am letzten
Segment 1 Kiemenfaden

22

stücken verborgen hält. Die Menschenlaus ist Überträgerin gefährlicher Krankheiten.

5. Netzflügler (Neuroptera). Insekten mit weichem Körper und 4 stark geäderten, ungefähr gleich großen Flügeln, die in der Ruhe dachförmig über den Rücken gelegt werden. Mundteile kauend, Fühler lang. Vollständige Verwandlung. Die fleischfressenden Larven sind mit kauenden oder saugenden Mundteilen ausgestattet. Besonders interessant ist die Lebensweise der als Ameisenlöwe bezeichneten Larve der Ameisenjungfer. Der Ameisenlöwe gräbt im Sande einen Trichter und hält sich in dessen Grund verborgen. Gerät eine Ameise über den Rand des Trichters, so rutscht sie unmittelbar in die Zangen des lauernden Räubers. Gelingt es ihr loszukommen und versucht sie an den Seiten der Fallgrube emporzuklettern, so bewirft sie der Ameisenlöwe durch ruckartige Bewegungen seiner Zange mit Sand, bis sie wieder herunterfällt. Seite 28.

6. Uferfliegen, Uferbolde (Plecoptera). Mittelgroße bis große Insekten mit vier stark geäderten Flügeln, die in der Ruhe flach über den Rücken gelegt werden. Hinterflügel oft breiter als Vorderflügel. Körper weich, etwas abgeflacht, meist mit 2 langen Schwanzfäden. Mundteile kauend, aber nur schwach ausgebildet. Fühler lang, borstenförmig. Unvollständige Verwandlung. Fliegen am Wasser. Larven in fließendem Wasser, leben von kleinen Wassertieren. Wenn ihre Entwicklung abgeschlossen ist, verlassen sie das Wasser, steigen an Mauern und Bäumen empor, wo nach Ausschlüpfen der geflügelten Insekten die leeren Larvenhäute oft massenweise zurückbleiben. Seite 28.

7. Schnabelhafte (Mecoptera). Mittelgroße oder kleine Insekten mit 4 ungefähr gleich großen, stark geäderten Flügeln, die in der Ruhe flach über den Rücken gelegt werden. Kopf schnabelartig nach unten verlängert; Mundteile kauend. Fühler lang, fadenförmig. Männchen mit Greif-

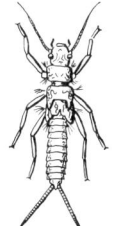

Abb. 17
Larve einer
Uferfliege

Abb. 18
Larve einer
Eintagsfliege

Abb. 19
Kopf der
Skorpionsfliege
von vorne

23

zangen am Hinterleibsende. Leben räuberisch. Vollständige Verwandlung. Larve raupenartig, fleischfressend, lebt im Erdboden. Seite 28.

8. Eintagsfliegen (Ephemerida). Zart gebaute Insekten mit weichem Körper und 4 reich geäderten Flügeln. Hinterflügel viel kleiner als Vorderflügel, in einigen Fällen ganz verkümmert. Mundteile verkümmert, nicht zur Nahrungsaufnahme befähigt. Fühler sehr kurz. 2 oder 3 lange Schwanzfäden. Fliegen am Wasser, meist senkrecht auf- und niedersteigend. Lebensdauer des fertigausgebildeten Insektes nur kurz. Unvollständige Verwandlung. Larven im Wasser, Hinterleib meist mit langen Schwanzfäden und Kiemenblättchen versehen. Das geflügelte Insekt hat nach dem Ausschlüpfen zuerst trübweiße Flügel und macht nochmals eine Häutung durch. Seite 30.

9. Köcherfliegen (Trichoptera). Kleine bis mittelgroße falterähnliche Insekten mit 4 feinbehaarten Flügeln, die in der Ruhe dachförmig über den Hinterleib gelegt werden. Hinterflügel breiter als Vorderflügel. Mundteile verkümmert. Fühler lang, borstenförmig. Fliegen am Wasser. Vollständige Verwandlung. Die Larven leben im Wasser, entweder frei oder in Gespinsten, sehr oft in transportablen Gehäusen («Köchern») aus kleinen Steinchen, Holzstückchen oder Schneckenhäuschen. Seite 30.

10. Libellen (Odonata). Räuberisch lebende Insekten mit gutentwickelten, kauenden Mundteilen und vier reichgeäderten Flügeln. Fühler kurz, Augen sehr groß und vorstehend. Hinterleib lang und dünn. Fliegen am Wasser. Unvollständige Verwandlung. Larven im Wasser, leben räuberisch. Unterlippe stark verlängert, mit Gelenken und einer Endzange versehen, wird beim Ergreifen der Beute vorgestreckt («Fangmaske»). Seite 32.

11. Ohrwürmer (Dermaptera). Längliche Insekten mit kauenden Mundteilen. Vorderflügel zu kurzen, lederigen Flügeldecken umgewandelt, unter denen die häutigen, halbkreisförmigen Hinterflügel zusammenge-

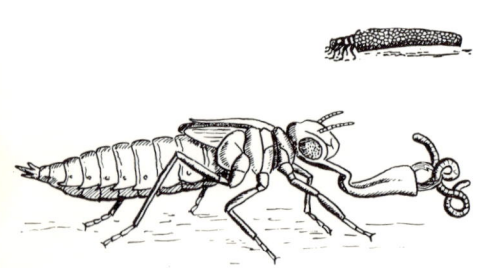

**Abb. 20
Larve einer
Köcherfliege**
(Halesus
auricollis)

**Abb. 21
Libellenlarve mit
vorgestreckter
Fangmaske**
(= Larvenorgan)

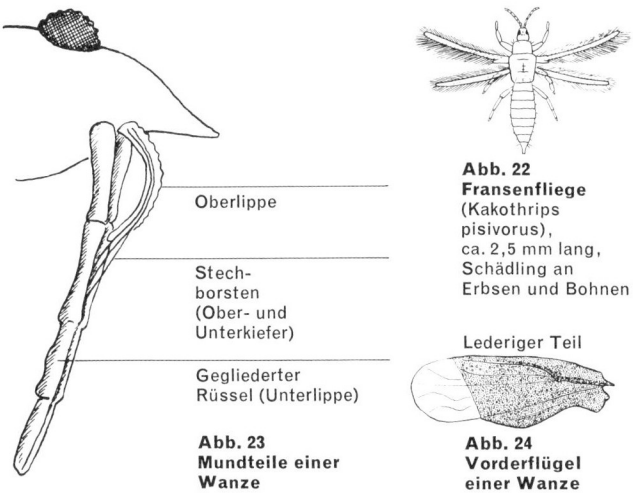

Oberlippe

Stech-
borsten
(Ober- und
Unterkiefer)

Gegliederter
Rüssel (Unterlippe)

Abb. 23
Mundteile einer
Wanze

Abb. 22
Fransenfliege
(Kakothrips
pisivorus),
ca. 2,5 mm lang,
Schädling an
Erbsen und Bohnen

Lederiger Teil

Abb. 24
Vorderflügel
einer Wanze

faltet sind. Lange Fühler. Hinterleibsende mit einer starken Greifzange.
Leben von kleinen Tieren und weichen Pflanzenstoffen, z. B. von Blüten-
teilen, vom Saft abgefallener, zerquetschter Früchte. Direkte Entwicklung mit Jungtieren! Seite 34.

12. Geradflügler (Orthoptera). Insekten mit gut ausgebildeten, kauenden Mundteilen und langen, dünnen Fühlern. Vorderflügel schmal,
länglich, meist derb, pergamentartig; Hinterflügel breit, häutig, fächerar-
tig gefaltet. Flügellose Arten kommen vor. Weibchen meist mit einer
Legeröhre. Direkte Entwicklung. Zu dieser Ordnung gehören die Grillen,
Fangheuschrecken, Schaben und Heuschrecken. Seiten 34, 36, 38.

13. Fransenfliegen (Thysanoptera). Winzig kleine Insekten. Fühler
kurz, 6- bis 9gliedrig. Mundwerkzeuge saugend. 4 längliche, wenig
geäderte, ringsum befranste Flügel. Flügellose Formen kommen vor.
Füße 2gliedrig mit je 2 Endklauen und einer ausstülpbaren Haftblase.
Ernähren sich von Pflanzensaft und können beträchtlichen Schaden
anrichten. Larven den fertig ausgebildeten Insekten sehr ähnlich, machen aber doch ein Puppenstadium durch.

14. Wanzenartige Insekten (Hemiptera). Vorderflügel häutig oder
teilweise lederartig verdickt. Hinterflügel häutig. Mundteile stechend-
saugend: gegliederter Rüssel, mehrere Stechborsten. Fühler meist

wenigliedrig. Direkte Entwicklung ohne Metamorphose. Eine Ausnahme machen nur die Männchen der Schildläuse.

I. Unterordnung: Wanzen (Heteroptera). Flügel liegen in der Ruhe flach auf dem breiten Hinterleib. Vorderflügel greifen übereinander; basaler Teil lederig, Spitze häutig. Rüssel am Vorderende des Kopfes sitzend. Land- und Wasserwanzen. Seiten 40, 42.

II. Unterordnung: Pflanzensauger (Homoptera). Flügel in der Ruhe meist dachförmig über den Hinterleib gelegt. Vorderflügel meist häutig, seltener etwas verdickt. Viele Arten sind ungeflügelt, Rüssel entspringt an der Unterseite des Kopfes, dicht an der Brust. Zu dieser Unterordnung gehören außer den Zikaden (Seite 42) auch die Blattläuse und die Schildläuse.

15. Schmetterlinge (Lepidoptera). Vier dicht mit farbigen Schüppchen bedeckte Flügel. Mundteile saugend, bei einigen Arten verkümmert. Körper behaart oder beschuppt. Fühler der Tagfalter an der Spitze knopfförmig verdickt; Fühler der Nachtfalter fadenförmig, allmählich nach vorne verdickt oder gekämmt. Vollständige Verwandlung. Die Larven sind Raupen mit 3 Paar Brustfüßen, meist 4 Paar Bauchfüßen und einem Paar «Nachschieber» am letzten Hinterleibsring. Siehe das Bändchen «Schmetterlinge und Nachtfalter» der Hallwag-Taschenbücherei.

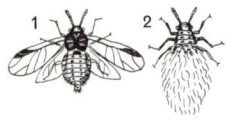

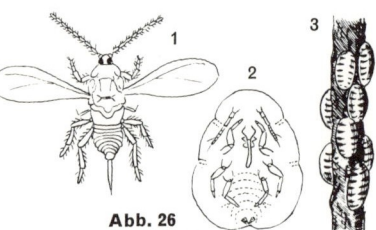

Abb. 25
Blutlaus

1 Geflügeltes Weibchen
2 Ungeflügeltes Weibchen
bedeckt mit weißer,
wachsartiger «Wolle».
Diese weißen Flocken hüllen
die ganze Blutlauskolonie
ein und bilden einen Schutz
gegen Austrocknung, vermutlich auch gegen Feinde.
Die Männchen sind ungeflügelt.
Die Blutlaus ist ein
gefährlicher Schädling; sie
lebt auf der Rinde von
Obstbäumen.

Abb. 26
Schildlaus

1 Geflügeltes Männchen
2 Ungeflügeltes Weibchen
von unten
3 Schildlaus-Kolonie an
einem Zweig
Die erwachsenen Weibchen
sind von einem aus Wachs und
abgestreiften Häuten bestehenden Schild bedeckt und
bewegen sich oft nicht mehr
von der Stelle.

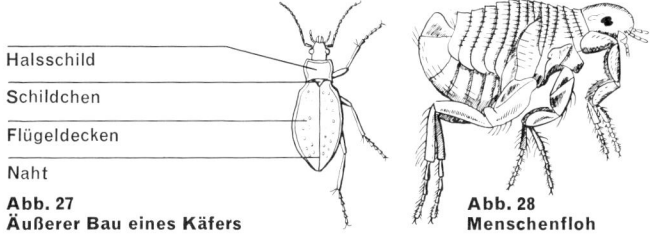

Halsschild

Schildchen

Flügeldecken

Naht

Abb. 27
Äußerer Bau eines Käfers

Abb. 28
Menschenfloh

16. Käfer (Coleoptera). Sehr kleine bis große Insekten, deren Vorderflügel zu hornigen oder lederigen Flügeldecken geworden sind, die keine Äderung erkennen lassen. Hinterflügel häutig, geädert, in der Ruhe unter den Vorderflügeln zusammengefaltet. Mundteile kauend. Vollständige Verwandlung. Larven: sehr verschieden; in manchen Fällen vom Typus des Engerlings, zuweilen raupenähnlich, auch fußlose, madenartige Larven kommen vor. Seiten 44—66.

17. Hautflügler (Hymenoptera). Insekten mit 4 häutigen, zuweilen nur wenig geäderten Flügeln. Hinterflügel kleiner als Vorderflügel, mit den letzteren durch kleine Häkchen verbunden. Mundteile kauend oder kauend-leckend. Hinterleib an der Basis meist stark eingeschnürt, sein 1. Glied mit der Hinterbrust verschmolzen. Ein Legstachel ist vorhanden, hat aber in manchen Fällen seine ursprüngliche Funktion verloren und dient als Waffe (Arbeiterinnen der Bienen und Wespen). Vollständige Verwandlung. Larven raupen- oder madenartig. Leben oft als Schmarotzer. Seiten 68—74.

18. Zweiflügler (Diptera). Insekten mit nur einem häutigen Flügelpaar. Hinterflügel zu winzig kleinen, stecknadelförmigen «Schwingkölbchen» umgebildet. Mundteile leckend oder stechend-saugend. Fühler kurz. Vollständige Verwandlung. Die Larven sind meist fußlose Maden, leben auf dem Lande oder im Wasser, auch als Schmarotzer in anderen Tieren. Zu den Zweigflüglern gehören die Fliegen und Mücken. Seiten 76—80.

19. Flöhe (Aphaniptera). Kleine, flügellose Insekten, die als Schmarotzer auf Menschen und warmblütigen Tieren leben. Fühler kurz und dick. Mundteile stechend-saugend. Körper seitlich zusammengedrückt. Hinterbeine kräftig, wirken als Sprungbeine. Vollständige Verwandlung. Larve fußlos. Am bekanntesten sind der **Menschenfloh** und der **Hundefloh.** Verschiedene Arten wirken als Überträger gefährlicher Krankheiten.

Netzflügler

1 **Schlammfliege.** Spannweite 25–30 mm; Mai; am Wasser. Sitzt träge auf Büschen und im Grase, fliegt nur bei warmem Sonnenschein. Larve im Schlamm stehender Gewässer.

2 **Kamelhalsfliege.** Spannweite 25 mm. Vorderbrust stark verlängert, wird meist etwas aufrecht getragen. In dichtem Strauchwerk. Larve lebt räuberisch unter loser Baumrinde.

3 **Florfliege.** Spannweite 35–40 mm. Leib grün, Flügel sehr zart, glasklar, grün geädert. Auf Gebüsch und Strauchwerk. Eier langgestielt, auf Blättern, an Zweigen. Larve lebt von Blattläusen und anderen Schädlingen.

4 **Ameisenjungfer.** Spannweite 63–75 mm. Libellenähnlich; Fühler an der Spitze verdickt. Sitzt tagsüber an Baumstämmen, fliegt vorwiegend gegen Abend. Flug schwerfällig, taumelnd. Larve («Ameisenlöwe») im Sande; baut Fangtrichter (4 a).

5 **Schmetterlingshaft.** Spannweite 45 mm. Fühler am Ende knopfförmig verdickt. Gewandter Flieger; fängt Schmetterlinge und andere Insekten. Bevorzugt heiße, trockene Orte. Flugzeit: Juni, Juli. Eier an Pflanzenstengeln. Larve dem Ameisenlöwen ähnlich, baut aber keine Trichter.

Uferfliegen

6 **Große Uferfliege.** Spannweite 43–64 mm. Körper gelb. Flügel meist träge getrübt. Fliegt im Mai an warmen Tagen. Sitzt meist träge im Gebüsch und an Bäumen in der Nähe von Flußufern. Legt Eier ins Wasser. Larve in Flüssen (6 a).

7 **Grünliche Uferfliege.** Uferfliege. Spannweite 22–27 mm. Kopf gelb, Brust grünlichbraun, Hinterleib braun. Flügel grünlich, mit gelbgrüner Äderung. An Wasserläufen, häufig und weit verbreitet. Mai, Juni. Larve in Bächen und Flüssen.

8 **Rhabdiopteryx neglecta.** Spannweite 22–25 mm. Vorderflügel mit schwachem braunem Querstreifen. An Wasserläufen des Hügellandes und des Gebirges. Mitte März bis Mitte April. Larve in Bächen und Flüssen.

Schnabelhafte

9 **Skorpionsfliege.** Spannweite 27–30 mm. Flügel durchsichtig, schwarz gescheckt. Brust braun, Hinterleib schwarzbraun, M. mit rotbrauner Greifzange am Hinterleibsende. Im Gebüsch. Larve im Erdboden.

Eintagsfliegen

1 **Ephemerella ignita.** Spannweite 15–21 mm. Juni bis Sept.; fliegt schwarmweise am Wasser. Larve in Bächen und Flüssen.

2 **Rhitrogena aurantiaca.** Spannweite 15–20 mm. September, Okt., fliegt stellenweise am Wasser in Schwärmen. Larve in langsam fließenden Bächen und Flüssen der Ebene (2 a).

3 **Ecdyurus venosus.** Spannweite 30–34 mm. Juni bis August, an Gewässern des Hügellandes und des Gebirges. Larve in klaren, schnell fließenden Gewässern.

Köcherfliegen

4 **Rhyacophila obtusidens.** Spannweite 30 mm. Vorderflügel bräunl. mit dunkleren Bändern und Flecken, Hinterflügel hell, ungefleckt. An stark fließenden Gewässern. Fliegt jährl. zweimal in großer Zahl: Mitte Mai bis Mitte Juli, Sept. bis Nov. Larve im Wasser, verpuppt sich auf der Unterseite von Steinen in einem Gehäuse aus kleinen Steinchen.

5 **Hydropsyche pellucidula.** Spannweite 22–30 mm. Vorderflügel grau, durchscheinend, mit goldigen Haarpunkten und dunkelbrauner Äderung. Juni–Sept., an Flüssen und Bächen, stellenweise häufig. Larve im Wasser, in einem Gespinst.

6 **Große Wassermotte.** Spannweite 40–60 mm. Vorderflügel braun, unregelmäßig gefleckt. Eher selten, an stehenden Gewässern. Larve im Wasser, in Gehäuse aus Pflanzenstengeln.

7 **Odontocerum albicorne.** Spannweite 24–39 mm. Vorderflügel grau mit dichter, kurzer, graugelber Behaarung. Am Wasser, sitzt träge in Büschen. Juli, Aug. Larve in schnell fließenden Bächen und Flüssen des Hügellandes und des Gebirges; in einem Gehäuse aus kleinen Steinchen.

8 **Halesus auricollis.** Spannweite 32 mm. Vorderflügel graubraun, durchscheinend. Vorderbrust goldgelb behaart. Ende Sept. bis Mitte Nov., häufig; Larve in Bächen und Flüssen des Hügellandes und des Gebirges in zylindr. Gehäuse aus Steinchen.

9 **Halesus interpunctatus.** Spannweite 50 mm. Vorderflügel bräunlich, mit etwas dunkleren Flecken in den Räumen zwischen den Adern. Okt. Larve in langsam fließenden pflanzenreichen Gewässern; in Gehäuse aus Holzstückchen (9 a).

10 **Chaetopteryx villosa.** Spannweite 12–26 mm. Vorderflügel dunkelbraun. Ende Oktober, November häufig; Larve in stark fließenden Gewässern; in einem zylindrischen Gehäuse aus Sandkörnern, Rinden- und Blattstückchen.

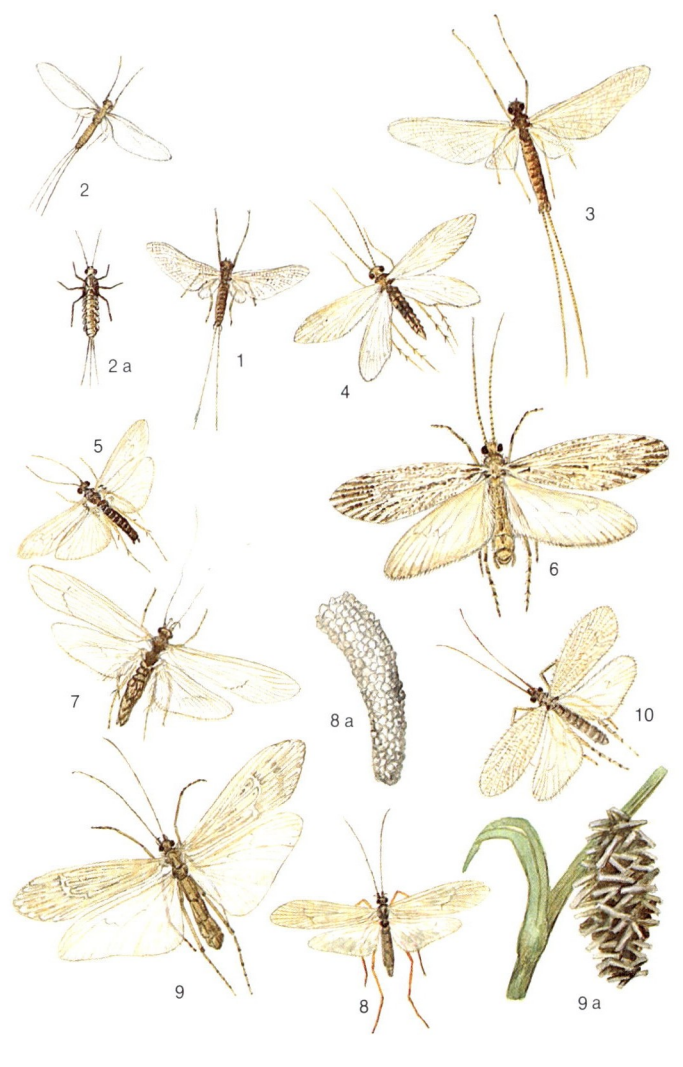

Libellen

1 Gemeine Seejungfer. Länge des Vorderflügels 30–35 mm. M.: Körper stahlblau, Flügel dunkelblau. W.: Körper metallisch smaragdgrün, Flügel graubraun. Vorder- und Hinterflügel gleich geformt, in der Ruhe nach oben geklappt. Flug langsam, flatternd. Bevorzugt stehende oder langsam fließende, von Röhricht umgebene Gewässer. W. legt Eier unter Wasser in einen Pflanzenstengel, den es mit dem Legstachel aufschlitzt. Larve schlank, langbeinig, mit 7gliedrigen Fühlern, die den Kopf an Länge übertreffen, und 3 blattförmigen Schwanzkiemen.

2 Schlankjungfer. Länge des Vorderflügels 24 mm. Leib sehr schlank, beim M. himmelblau, beim W. dunkelerzgrün. Vorder- und Hinterflügel gleich geformt, in der Ruhe nach oben geklappt. An Seen und langsam fließenden Gewässern sehr häufig. Larve mit Schwanzkiemen.

3 Große Teufelsnadel. Länge des Vorderflügels 47 mm. Hinterflügel an der Basis etwas breiter als Vorderflügel. Brustseite mit 2 gelben Binden, Rückenmitte und Hinterleibsringe blau gefleckt, Flügel gelblich, in der Ruhe ausgebreitet. Sehr guter Flieger. An Seen, Teichen und Wasserläufen, im Gebirge bis 2000 m. Sticht nicht, ebensowenig wie irgendeine andere Libellenart! Larve ohne Schwanzkiemen, dafür mit 3 stachelartigen Klappen am Hinterleibsende. Langgestreckt, mit Stacheln an den Seiten des Hinterleibes und flacher, helmförmiger Fangmaske (3 a).

4 Plattbauch. Länge des Vorderflügels 33–37 mm. Hinterflügel an der Basis etwas breiter als Vorderflügel, mit einem dreieckigen schwarzen Fleck an der Ansatzstelle. Hinterleib abgeflacht, beim M. blau bereift. Flügel in der Ruhe ausgebreitet. Guter Flieger, schießt dicht über der Wasserfläche hin und her. An Teichen und schilfbestandenen Seeufern. Larve ohne Schwanzkiemen.

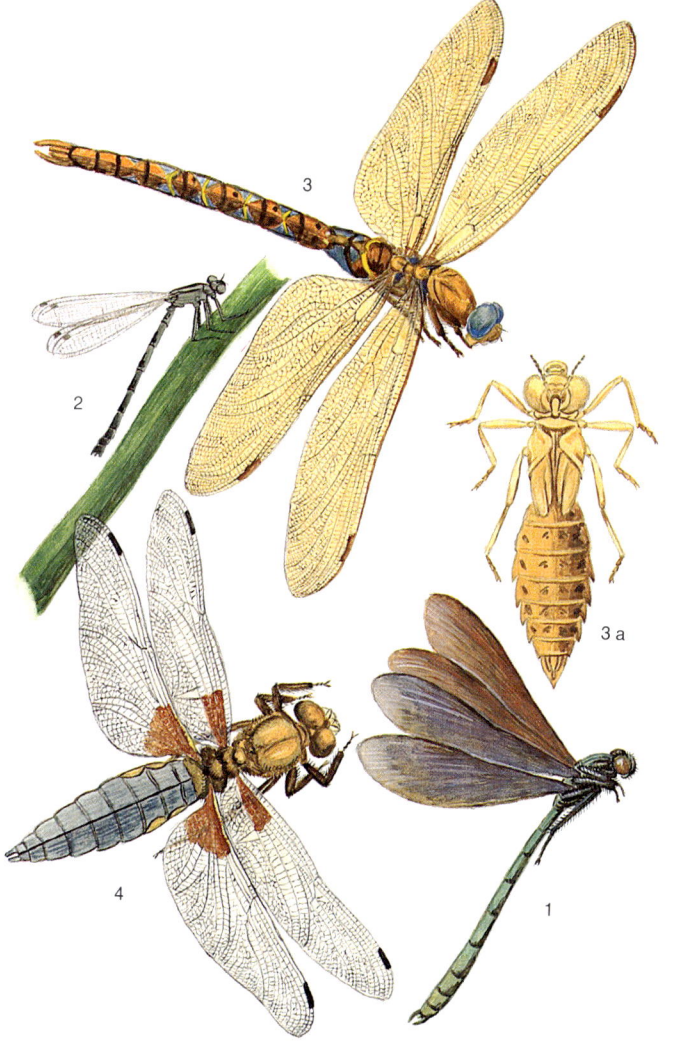

Ohrwürmer

1 Gemeiner Ohrwurm. 11–15 mm*. Glänzendbraun mit kurzen, glatten Flügeldecken, unter denen die Hinterflügel zusammengefaltet sind. Am Hinterleibsende große Greifzange. In Feldern, Gärten, Gartenhäuschen, Schuppen und Häusern. Eier werden in einer Erdkammer unter einen Stein oder ein Holzstück gelegt und vom W. sorgfältig bewacht. Direkte Entwicklung mit Jungtieren.

Geradflügler

Schaben: Körper plattgedrückt, Kopf unter der Vorderbrust verborgen, Fühler lang, fadenförmig. Laufen sehr behend. Allesfresser. Schädlinge!

2 Hausschabe. 11–13 mm. Schmutziggelb mit 2 schwärzlichen Längsbinden auf dem Halsschild. Flügel überragen das Hinterleibsende. In Häusern.

3 Küchenschabe. 17 mm. Schwarzbraun. Die rostroten Deckflügel des M. reichen nicht bis zur Hinterleibsspitze. Deckflügel des W. kurz, lappenförmig. In Küchen und Backstuben.

Fangschrecken: Vorderbrust stark verlängert, Kopf sehr beweglich, Augen groß, Fühler lang, Vorderbeine zu dornenbewehrten Fangbeinen umgestaltet. Fressen Fliegen, Heuschrecken, Schmetterlinge usw. Eier in einem Kokon.

4 Gottesanbeterin. 4–7 cm. Braun oder grün. Bevorzugt trockene, heiße Orte. Mehr im Süden.

Grillen: Körper walzenförmig, Füße 3gliedrig, Fühler borstenförmig, etwa körperlang. Durch Aneinanderreiben der Deckflügel erzeugen die M. schrille, zirpende Laute. Hinterbeine zu Sprungbeinen verlängert. Allesfresser. Legen Eier in den Boden.

5 Feldgrille. 22 mm. Schwärzlich. Deckflügel braun, an der Wurzel gelblich. Unterseite der Hinterschenkel rot. Lebt in Erdlöchern auf Feldern.

6 Heimchen, Hausgrille. 15–20 mm. Gelblichbraun. Lebt gesellig in Häusern, besonders in Backstuben und Mühlen.

7 Maulwurfsgrille. 40–45 mm. Vorderbeine zu kräftigen Grabschaufeln umgestaltet. Vorderbrust groß, hart gepanzert, braun, sammetartig behaart. Deckflügel lassen mehr als die Hälfte des Hinterleibs frei. Hinterflügel zusammengerollt, überragen Hinterleibsende in zwei abwärts gekrümmten Spitzen. Lebt im Boden, kommt nur in dunklen Nächten an die Erdoberfläche. Frißt unterirdisch lebende Insekten und Larven, aber auch Wurzeln und Keimlinge. Schädling!

* Die Maße beziehen sich auf die Körperlänge.

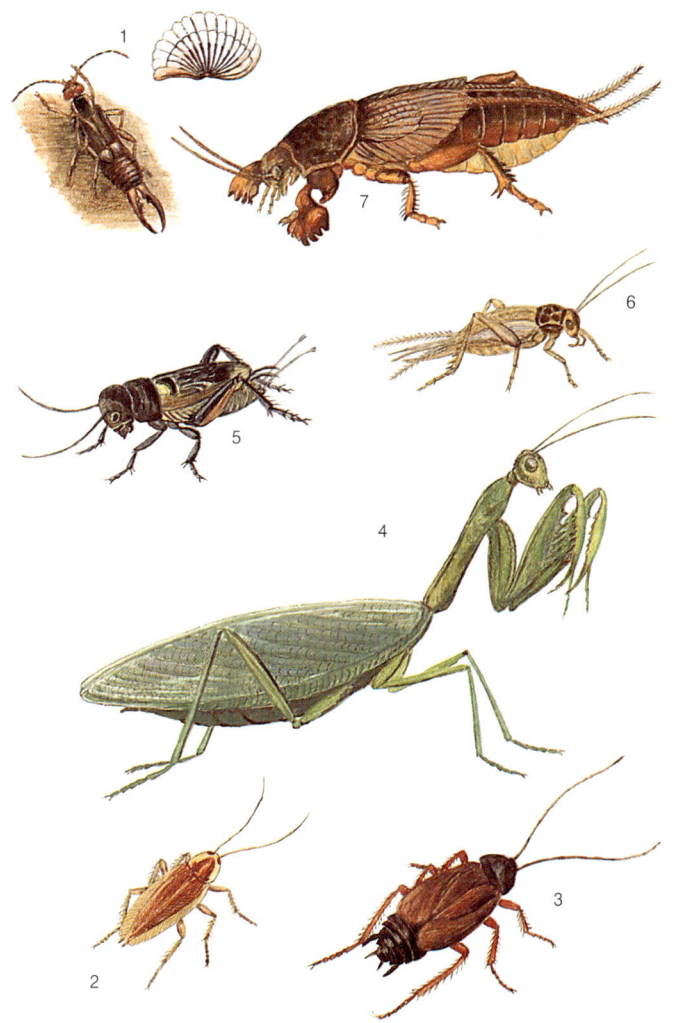

Feldheuschrecken: Körper seitlich zusammengedrückt. Füße 3gliedrig. Fühler fadenförmig oder am Ende verdickt, höchstens halb so lang wie der Körper. Deckflügel schmal. Zuweilen Flügel verkümmert. M. erzeugen zirpende Laute, indem sie die keulenförmig verdickten Schenkel der Hinterbeine gegen eine harte Längsader der Deckflügel reiben. Auf Wiesen.

1 **Heusprengsel,** Heuhüpfer. M. 16 mm, W. 23 mm. Fühler fadenförmig. Seitenkiele des Halsschildes durch helle Linien markiert. Waldränder, Lichtungen.

2 **Gomphocerus rufus.** 20–25 mm. Fühler am Ende beim M. stark, beim W. etwas schwächer verdickt und dann zugespitzt. Deckflügel an der Basis erweitert. Liebt sandige Orte.

3 **Lauchschrecke.** M. 17–20 mm, W. 25–27 mm. Lauchgrün oder braun, jederseits mit einem schwärzlichen Längsstreifen, der sich vom Auge über das Halsschild auf die Deckflügel erstreckt. Schienen der Hinterbeine bläulichgrün. An Fluß- und Seeufern.

4 **Blauflügelige Feldheuschrecke.** M. 16 mm, W. 21 mm. Vorderbrust im Vorderteil stark eingeschnürt, nur mit angedeutetem Mittelkiel. Deckflügel braun gesprenkelt oder gebändert. Hinterflügel blaßblau. Bevorzugt sonnige, steinige Orte. Mehr im Süden.

5 **Schnarrheuschrecke.** M. 20–23 mm, W. 26–34 mm. Halsschild mit deutlichem Mittelkiel. Deckflügel dunkelbraun gesprenkelt oder einfarbig braun. Entfaltet beim Auffliegen die blutroten Hinterflügel. Im Fluge entsteht durch Reiben der Hinterflügel an den Deckflügeln ein schnarrendes Geräusch. Bevorzugt warme, trockene, spärlich bewachsene Orte. Mehr im Süden.

Laubheuschrecken: Körper seitlich zusammengedrückt. Fühler fadenförmig, meist länger als der Körper. Deckflügel meist häutig; rechter Deckflügel überdeckt in der Ruhestellung den linken. Zirpapparat an der Basis der Deckflügel: Eine dicke, breite Ader der linken Decke gleitet über eine scharfe Chitinschneide der rechten hinweg; eine runde, durchsichtige Membran neben der Chitinschneide wirkt als Resonator. Hinterflügel fehlen bei manchen Arten. Meist ist bei den W. eine lange, säbelförmig gekrümmte Legeröhre vorhanden. Viele sind Allesfresser, manche Arten leben räuberisch. Die Eier werden in die Erde oder in Pflanzengewebe abgelegt.

1 **Barbitistes serricauda.** M. 17 mm, W. 18 mm. Kopf grün mit zwei gelben Streifen; Vorderflügel kurz, beim M. rotbraun, beim W. grünlich, außen gelb gestreift, Hinterleib grün mit braunen Flekken. Im Walde, auf Gebüsch, besonders auf Himbeersträuchern.

2 **Thamnotrizon cinereus.** M. 14 mm, W. 18 mm. Vorderflügel sehr kurz, beim W. schuppenförmig, dienen beim M. nur als Zirpapparat. Seitenlappen des Halsschildes mit feiner, heller Randlinie. An Waldrändern, auf Gebüsch.

3 **Eichenschrecke.** M. 12–13 mm, W. 13–15 mm. Hellgrün, Fühler, Beine und eine Längslinie auf dem Halsschild gelb. Flügel wohlentwickelt, Zirpapparat verkümmert. In Baumkronen, besonders auf Eichen; W. legt Eier in die rissige Rinde alter Eichen.

4 **Warzenbeißer.** M. 22–28 mm, W. 30 mm. Ziemlich plump gebaut, grün, braun und gelblich marmoriert. Halsschild mit einem deutlichen Längskiel. Deckflügel und Flügel gut entwickelt. Auf Wiesen und Kleefeldern. Frißt Insekten. W. mit nur mäßig gebogener Legeröhre; legt Eier in die Erde.

5 **Grünes Heupferd.** Bis 35 mm lang. Schlank gebaut, grasgrün, nur Basis der Deckflügel und Mittellinie des Vorderrückens bräunlich. Flügel länger als Hinterleib. Vermag längere Strecken zu fliegen. W. mit langer Legeröhre, welche jedoch die Spitzen der Deckflügel nicht überragt. Auf Feldern, in Baumkronen. Lebt räuberisch. M. läßt bei Nacht sein eintöniges Zirpen ertönen.

Wanzen

Fühlerwanzen: Deutlich erkennbare, frei bewegliche Fühler.

1 **Streifenwanze.** 9 mm. Blutrot mit schwarzen Längsstreifen. Auf Doldenblüten stellenweise häufig.

2 **Grüne Stinkwanze.** 10–15 mm. Oberseite und Beine grün, häutiger Teil der Deckflügel dunkel, Unterseite rötlich. Auf Beerensträuchern. Verbreitet einen widerlichen Geruch.

3 **Rotbeinige Stinkwanze.** 14 mm. Halsschild beidseitig in einen stumpfen Fortsatz erweitert. Braun, Spitze des Schildchens rotgelb. Beine rötlich. Auf Beerensträuchern und Kirschbäumen.

4 **Kohlwanze.** 7 mm. Körper sehr flach. Halsschild vorne mit einem Querwulst. Grün mit weißen Flecken oder blau metallglänzend mit roten Flecken. Auf Kohlarten, auf Blüten, Schädling!

5 **Graue Baumwanze.** 13 mm. Graubraun, fein schwarz gesprenkelt. Auf Gartenpflanzen und Reben.

6 **Saumwanze.** 15 mm. Deckflügel lassen die vorspringenden Seitenteile des Hinterleibes unbedeckt. 2. und 3. Fühlerglied lang und dünn, 4. kurz und dick. Körper rötlichgrau, fein schwarz punktiert, Hinterleibsrücken rot, Deckflügel bronzefarbig. Auf Himbeersträuchern und Sauerampfer.

7 **Flügellose Feuerwanze.** 9 mm. Hinterflügel fehlen, von den Vorderflügeln nur lederiger Teil vorhanden. Blutrot mit schwarzen Flecken. Häufig am Fuße alter Linden und Ulmen.

8 **Bunte Ritterwanze.** 15 mm. Langelliptisch, blutrot und schwarz. Häutiger Teil der Deckflügel samtschwarz, weiß umsäumt, mit einem großen weißen Mittelfleck. Am Boden, auf Schwalbenwurz.

9 **Gemeine Kotwanze.** 16 mm. Kopf hinter den Augen halsartig verengert, Vorderbrustring quer eingeschnürt. Rüssel schnabelartig gekrümmt. Lebt räuberisch. Larve bedeckt sich mit Sandkörnchen und Staub. Oft in Häusern.

10 **Rote Mordwanze.** 14 mm. Gestalt ähnlich der vorigen Art. Blutrot und schwarz. Auf Blüten; lauert anderen Insekten auf. Bevorzugt sonnige Orte.

11 **Bettwanze.** 4 mm. Hinterflügel fehlen, Vorderflügel zu 2 Schuppen verkümmert. Braun, fein behaart. Blutsauger. In Häusern.

12 **Sechsfleckige Schönwanze.** 9 mm. Kleines, zierliches, gelb-schwarz gezeichnetes Tier.

1 **Wasserläufer.** 11 mm. Körper schmal, langgestreckt. 2. und 3. Beinpaar sehr lang und dünn. Gleitet auf der Oberfläche des Wassers dahin. Aasfresser, Räuber. Häufig.

Wasserwanzen: Fühler kurz, sitzen auf der Unterseite des Kopfes oder sind in Gruben verborgen. Alle sind Wasserbewohner.

2 **Schwimmwanze.** 11 mm. Körper abgeflacht, von eiförmigem Umriß. Vorderbeine zu Fangwerkzeugen umgestaltet. Lebt zwischen Wasserpflanzen in stehenden Gewässern.

3 **Wasserskorpion.** 18 mm. Körper abgeflacht. Fangbeine bilden eine Zange. Hinterleibsende mit Atemrohr. Schwimmt nicht sehr gewandt, da die beiden hinteren Beinpaare nicht mit Schwimmhaaren versehen sind.

4 **Stabwanze.** 28 mm. Körper schmal, langgestreckt. Lange, dünne Beine, langes Atemrohr. An Wasserpflanzen.

5 **Rückenschwimmer.** 14 mm. Schwimmt mit dem bootförmig gewölbten Rücken nach unten. Rudert mit den langen, stark behaarten Hinterbeinen. Bauchseite flach. Gefräßiger Räuber.

6 **Ruderwanze.** 11 mm. Schnabel kurz, wenig vorstehend, Körper abgeflacht, länglich. Beine behaart. Gewandter Schwimmer und gefräßiger Räuber.

Pflanzensauger

7 **Ohrzikade.** 13–18 mm. Dunkelgrün oder bräunlich. Halsschild mit seitlichen, schief nach außen gebogenen ohrförmigen Fortsätzen. An Erlen, Haseln und Eichen.

8 **Bergzikade, Singzikade.** 23–28 mm. Dunkel; Flügel glasklar, in der Ruhe dachförmig gestellt, mit brauner Äderung. M. besitzt an der Basis des Hinterleibes einen Zirpapparat aus zwei Trommelhäuten, die durch besondere Muskeln in Vibration versetzt werden. Besonders auf Eichen.

9 **Dornzikade.** 9 mm. Graubraun. Halsschild mit spitzem, fast bis ans Körperende reichendem Dornfortsatz und kürzeren Zacken an den Seiten. Auf Sträuchern, im Gebüsch.

10 **Blutzikade.** 9 mm. Schwarz, mit blutroten Flecken. Auf Kräutern, im Gebüsch.

11 **Schaumzikade.** 5–6 mm. Braun. An Kräutern. Larve umgibt sich mit einer Masse weißen Schaumes («Kuckucksspeichel»); Schutz gegen Feinde und vor Austrocknung. Erwachsene Tiere erzeugen keinen Schaum mehr, vermögen aber weite Sprünge auszuführen.

Käfer

Sandläufer: Füße 5gliedrig. Flinke, langbeinige Räuber mit großen, vorstehenden Augen. Kopf breiter als Halsschild. Fliegen kurze Strecken weit. Warme, sandige Orte. Larven im Sande, in röhrenartigen Gängen.

1 **Feldsandläufer.** 12—15 mm. Grün mit kleinen gelben Flecken. Äkker, Waldränder, -lichtungen, häufig; auch im Gebirge.

2 **Graugrüner Sandläufer.** 14—15 mm. Bräunlichgrün mit gelben Schnörkeln. Sandige, trockene Wege; häufig.

Laufkäfer: Füße 5gliedrig. Flink, langbeinig. Kopf schmäler als Halsschild. Die meisten Arten leben räuberisch. Bei Tag unter Steinen, Moos, in faulenden Baumstrünken verborgen. Jagen bei Nacht. Flügeldecken in vielen Fällen an der Naht verwachsen. Hinterflügel verkümmert.

3 **Uferläufer.** 6,5—7,5 mm. Einem Sandläufer ähnlich. Große vorstehende Augen. Bronzegrün. Flügeldecken mit Augenflecken. An schlammigen Seeufern.

4 **Schaufelläufer.** 15—16 mm. Halsschild herzförmig, ohne verlängerte Hinterecken. Flügeldecken doppelt so breit wie Hinterschild. Schwarz, Besonders in Bergwäldern.

5 **Lederlaufkäfer.** 34—40 mm. Schwarz, ohne Glanz, Flügeldecken punktiert und gerunzelt. Überall häufig.

6 **Puppenräuber.** 24—30 mm. Flügeldecken breit, fast viereckig, goldgrün mit rotem Schimmer. Halsschild kurz, breit, dunkelblau. In Eichen- und Nadelwäldern. Auf Bäumen; stellt den Prozessionsspinnerraupen nach. Eher selten.

7 **Goldleiste.** 18—34 mm. Lang elliptisch. Schwarz, Halsschild und Flügeldecken mit violetten oder grünlichen Rändern. Flügeldecken dicht und fein runzelartig gekörnt. Häufig in Wäldern der tieferen Lagen; in den Alpen seltener.

8 **Blauer Laufkäfer.** 25—28 mm. Dunkelblau, langgestreckt, flach. Halsschild schmal, schwach herzförmig. Flügeldecken gerunzelt. In Wäldern unter Moos, Rinde, in faulen Baumstrünken; auch im Gebirge.

9 **Goldlaufkäfer.** 20—27 mm. Goldgrün, Beine und die ersten 4 Fühlerglieder rotbraun. Halsschild fast viereckig. Flügeldecken mit je 3 glatten Rippen. Überall häufig.

10 **Goldglänzender Laufkäfer.** 18—26 mm. Glänzendgoldgrün. Beine und 1. Fühlerglied rotbraun. Halsschild fast herzförmig. Flügeldecken mit je 3 erhabenen schwarzen Leisten. Zwischenräume runzelig punktiert. Häufig in Wäldern, besonders im Gebirge (bis 2000 m). Überwintert in faulen Stöcken.

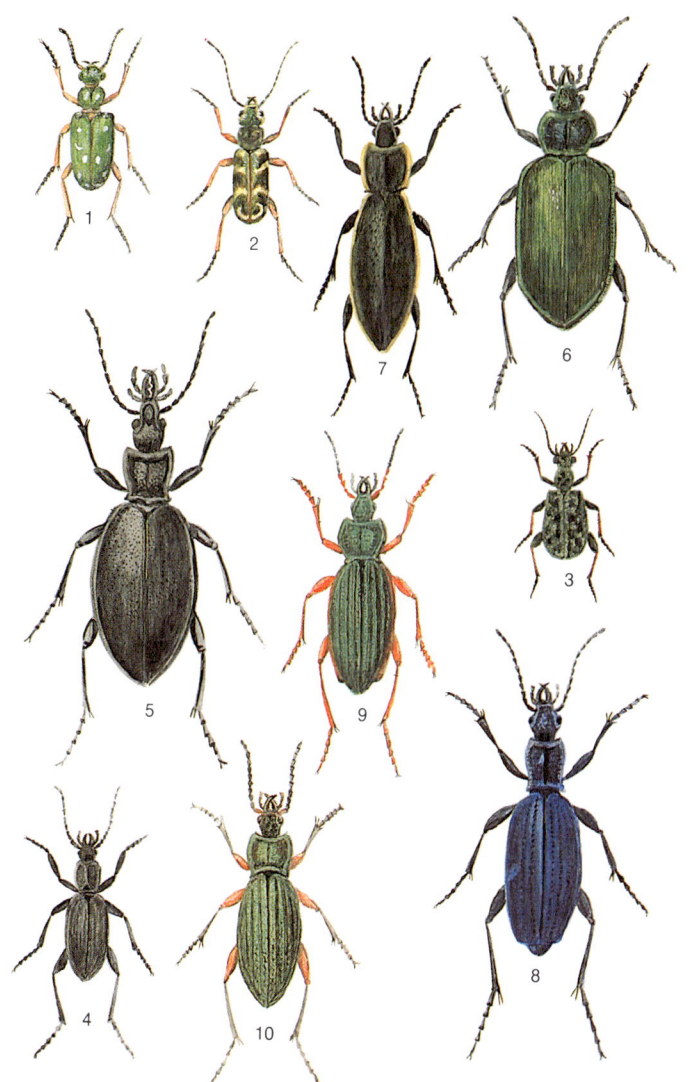

1 **Gitterlaufkäfer.** 18–26 mm. Kupferrot oder erzgrün, erstes Fühlerglied und zuweilen auch Schenkel rotbraun. Flügeldecken mit je 3 Längsrippen und 3 Reihen erhabener, länglicher Körner. Häufig; im Gebirge bis 1500 m.

2 **Feingestreifter Laufkäfer.** 27–30 mm. Länglich oval, flach. Erzfarbig, grün, kupferrot, braun oder schwärzlich. Flügeldecken punktiert gestreift.

3 **Hainlaufkäfer.** 20–26 mm. Halsschild fast viereckig, mit violettem Rand. Flügeldecken bronzefarbig mit violettem Rand, fein gerunzelt, jede mit 3 Reihen von Grübchen. Besonders an Waldrändern.

4 **Bombardierkäfer.** 6,5–10 mm. Kopf und Halsschild gelbrot, letzteres schmal, fast herzförmig. Flügeldecken dunkelblau. Mittelland und Jura; häufig. Spritzt bei Gefahr mit hörbarem Knall eine ätzende, dunstförmige Flüssigkeit aus.

5 **Großkreuz.** 7,5–8 mm. Halsschild rund. Flügeldecken schwarz mit gelbroten, durch die schwarze Naht unterbrochenen Binden. In den tieferen Lagen nicht selten, unter Steinen und Moos.

6 **Schönläufer.** 6–7 mm. Halsschild rot, herzförmig. Flügeldecken gelbrot mit je 3 schwarzen Flecken. Im Frühjahr häufig unter Steinen.

7 **Schnelläufer.** 10–14 mm. Halsschild groß. Grün, bronzefarbig oder blau. 1. Fühlerglied rot, folgende Glieder dunkelbraun, Fühlerspitze rötlich. Schenkel schwarz, Schienen und Füße pechbraun. In den tieferen Lagen häufig; auf Wegen.

8 **Erzfarbener Schnelläufer.** 9–12 mm. Glänzendgrün, kupferrot oder blau. Fühler und Beine gelbrot. Flügeldecken auf den Seiten fein punktiert. Häufig; Feldwege, unter Steinen.

9 **Schwarzer Grabkäfer.** 16–21 mm. Schwarz, Halsschild fast quadratisch, hinten nur schwach verengt, an der Basis jederseits mit 2 tiefen Längsstrichen. Flügeldecken mit schwach oder nicht punktierten Furchen. In tiefen Lagen nicht selten, unter Steinen.

10 **Kupferfarbener Grabkäfer.** 10,5–13,5 mm. Kupferig, grün oder blau. 1. und 2. Fühlerglied rot. Halsschild breiter als lang. Auf Wegen häufig.

11 **Breitkäfer.** 18–22 mm. Schwarz, Halsschild in der Mitte am breitesten, beidseitig mit 2 tiefen Längseindrücken. Flügeldecken parallelseitig, so breit wie Halsschild, tief gestreift. Häufig.

12 **Kreiselkäfer.** 10–14 mm. Schwarz, Fühler und Beine rotbraun. Halsschild fast viereckig. Überall häufig.

13 **Sechspunktiger Schmalläufer.** 7–9 mm. Halsschild scheibenförmig und wie Kopf metallgrün. Flügeldecken kupferrot mit grünlichem Rande, punktiert gestreift, im 3. Zwischenraum mit 5–6 kleinen Grübchen. Feuchte Orte; häufig.

Schwimmkäfer: Körper oval, breit, oben und unten gleichmäßig schwach gewölbt. Fühler fadenförmig. Hinterbeine mit langen Haaren besetzt, dienen als Ruder. Leben räuberisch, desgleichen die schwimmenden Larven.

1 **Gelbrand.** 28 mm. Dunkel olivgrün, Halsschild und Flügeldecken gelb gerandet. Flügeldecken beim M. glatt, beim W. mit Längsfurchen. Teiche, stehende Gewässer; häufig.

2 **Schlammschwimmer.** 10 mm. Oberseite gewölbt, erzfarbig, Halsschild und Flügeldecken gelb gerandet. Gräben, Teiche; häufig.

3 **Furchenschwimmer.** 16–18 mm. Kurz, eiförmig, flach. Halsschild gelb mit 2 schwarzen Querbinden, Flügeldecken dunkelbraun, beim M. glatt, beim W. mit 4 breiten, behaarten Furchen. Teiche.

Drehkäfer: Fühler stummelförmig. Hintere Beinpaare sind Schwimmbeine. Schießen auf der Wasserfläche herum. Nahrung: Wassertierchen.

4 **Taumelkäfer.** 5–7 mm. Eiförmig. Flügeldecken gewölbt, schwarz, Beine braunrot. Stehendes und fließendes Gewässer; häufig.

Kurzflügler: Flügeldecken kurz, Hinterflügel darunter zusammengefaltet. Hinterleib sehr beweglich, wird oft aufgerichtet.

5 **Grauhaar-Kurzflügler.** 14–19 mm. Dicht grau behaart. Fühlerwurzel und Beine rötlichgelb. Aas, Dünger.

6 **Goldstreifiger Kurzflügler.** 17–25 mm. Flügeldecken und Beine rot. Vorder- und Hinterrand des Halsschildes sowie 2 schiefe Flecken auf jedem Hinterleibring, mit Ausnahme des letzten goldgelb behaart. Häufig auf Landstraßen.

7 **Stinkender Kurzflügler.** 20–32 mm. Schwarz, Flügeldecken länger als Halsschild. Häufig auf Wegen.

8 **Uferkurzflügler.** 7,5–8,5 mm. Kopf und Spitze des Hinterleibes schwarz, Halsschild und die 5 ersten Hinterleibsringe rot, Flügeldecken blau. Häufig an Seeufern.

9 **Roter Pilzraubkäfer.** 7–11 mm. Schwarz, Halsschild, die 4 ersten Hinterleibsringe, ein basaler Flecken auf jeder Flügeldecke und Beine rot. Kopf breiter als Halsschild. In Löcherpilzen.

Aaskäfer: Fühler allmählich verdickt oder mit mehreren größeren Endgliedern. An Aas. Die Totengräber vergraben Leichen kleiner Tiere.

10 **Schwarzer Aaskäfer.** 10–16 mm. Halsschild leicht ausgebuchtet. Flügeldecken mit je 3 schwachen Rippen. Häufig.

11 **Rotbrüstiger Aaskäfer.** 12–16 mm. Schwarz, Halsschild samtartig rot behaart. Häufig in Wäldern.

12 **Schwarzer Totengräber.** 18–25 mm. Schwarz mit roter Fühlerkeule. Flügeldecken gestutzt, lassen Hinterleibsende frei. Selten.

13 **Gemeiner Totengräber.** 12–22 mm. Schwarz, Vorderrand des Halsschildes gelb behaart. Flügeldecken mit 2 ausgezackten roten Querbinden. Häufig an Aas, auf Blüten.

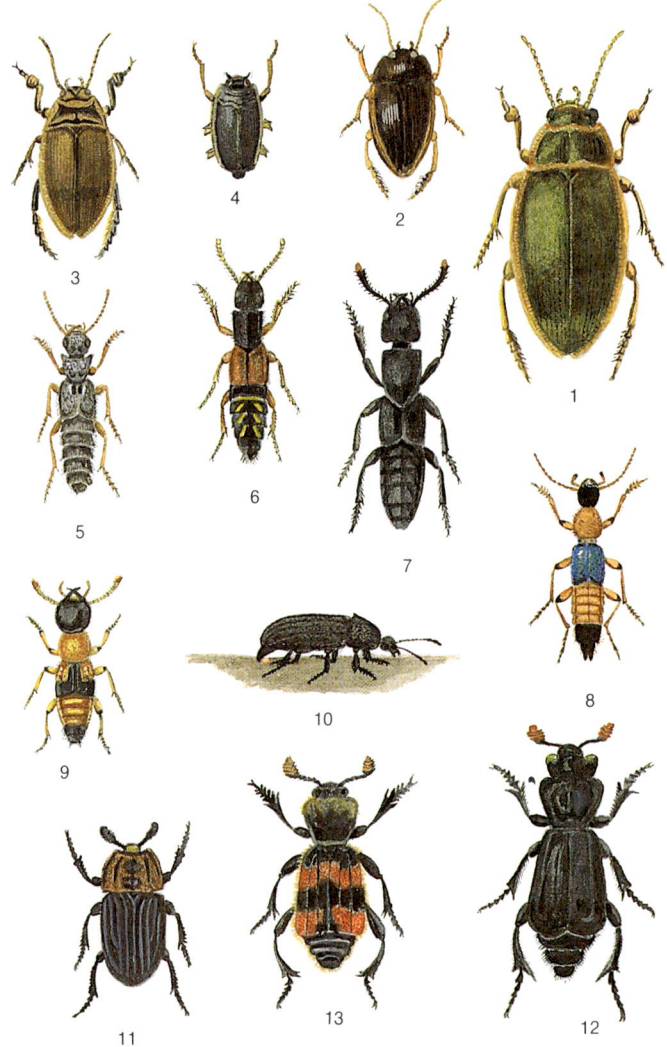

Stutzkäfer: Fühler gekniet, mit geringeltem Endkopf. Körper breit und flach. Flügeldecken gestutzt, die beiden letzten Hinterleibsringe freilassend. In Mist, an Aas. Stellen sich bei Gefahr tot.

1 Vierfleckiger Stutzkäfer. 7–11 mm. Körper fast viereckig. Schwarz, Flügeldecken mit je 2 roten Flecken, die meist am Außenrande miteinander verbunden sind. Häufig.

2 Aas-Stutzkäfer. 5,5–8,5 mm. Eirund, glänzendschwarz oder braun. Halsschild jederseits mit 2 fast bis zum Hinterrande reichenden Streifen. Flügeldecken mit je 1 Randstreifen und 6 Rückenstreifen. Häufig an Aas.

Schröter: Fühler gekniet, 10gliedrig, Endglieder kammförmig nach innen erweitert. Füße 5gliedrig.

3 Balkenschröter. 19–32 mm. Mattschwarz. Körper breit, parallelseitig. Flügeldecken dicht punktiert und fein gerunzelt. Häufig an faulenden Eichen und Buchen.

4 Hirschkäfer. 25–75 mm. M. mit sehr stark verlängerten, geweihförmigen Oberkiefern. In Eichenwäldern, ernähren sich von ausfließendem Eichensaft. Larve im Mulm alter Eichen.

5 Rehschröter. 10–14 mm. Länglich, flach gewölbt, violett, grün oder blau. Halsschild breiter als lang, seitlich gerundet. In Wäldern häufig. Larve in Eichen, Kiefern und Buchen.

Mistkäfer: Fühler schwach gekniet, mit dickem Basalglied, in einer aus 3–7 beweglichen Blättern bestehenden Keule endigend. Die Vorderbeine sind als Grabbeine mit breiten, gezähnten Schienen ausgebildet. Flügeldecken reichen bis zur Hinterleibsspitze. Leben meist im Mist. Larven oft in der Erde.

6 Gemeiner Dungkäfer. 5,5–6,5 mm. Länglich, gewölbt. Kopf und Halsschild glänzendschwarz. Vorderecken des Halsschildes, Flügeldecken und Beine rotbraun. Im Frühjahr sehr häufig.

7 Frühlings-Dungkäfer. 4–7 mm. Kopf und Halsschild glänzendschwarz, letzterer mit breiten gelben Seitenrändern. Flügeldecken graugelb mit je einem braunen Mittelfleck. Im Frühjahr häufig.

8 Rotfüßiger Dungkäfer. 11–13 mm. Langgestreckt, halb walzenförmig, glänzend schwarzbraun. Unterseite und Beine rotbraun. Häufig in Kuh- und Pferdemist.

9 Roßkäfer. 10–16 mm. Körper oval, stark gewölbt. Fühlerkeule 3blättrig. Oberseite schwarz oder schwarzgrün, Unterseite glänzendblau. Flügeldecken schwach gestreift. Häufig.

10 Schrebers Kotkäfer. 5,5–7 mm. Rundlich, glänzendschwarz, jede Flügeldecke mit je einem roten Fleck an der Basis und an der Spitze. Beine rotbraun. Ziemlich häufig.

11 Nackenhorniger Kotkäfer. 6–9 mm. Flügeldecken bräunlichgelb, schwarz gesprenkelt. Hinterrand des Kopfes zu einem Hörnchen ausgezogen. Häufig.

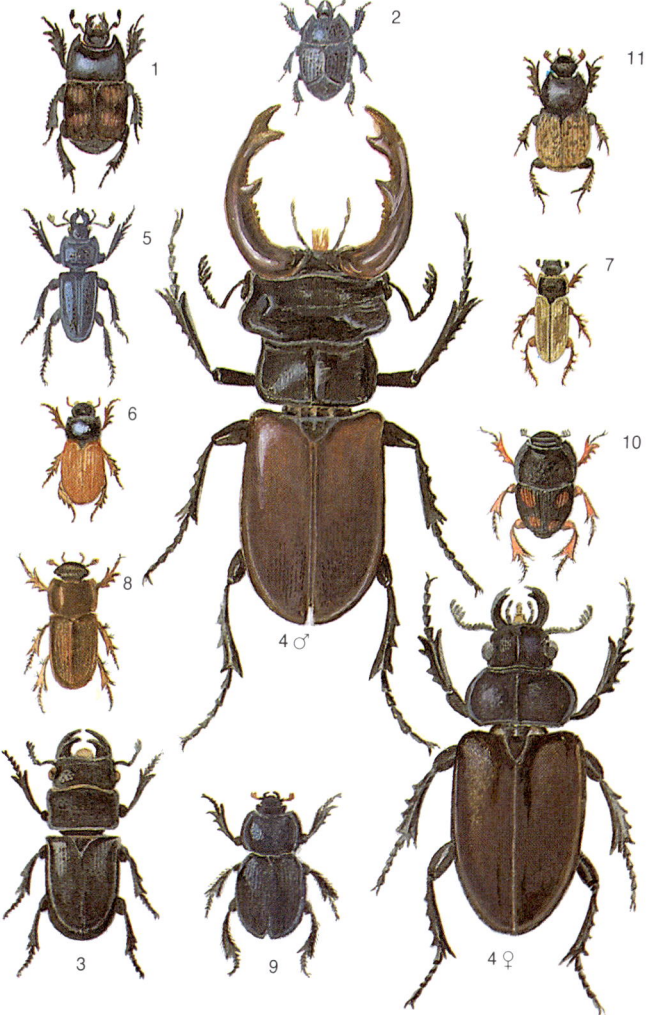

Laubkäfer: Fühler 7–11gliedrig, enden in einer Blätterkeule, die beim M. größer ist als beim W. Flügeldecken lassen das Hinterleibsende frei. Auf Bäumen und Sträuchern, Blattfresser. Larven im Boden; Wurzelfresser.

1 **Silberner Blatthornkäfer.** 7–11 mm. Oberseite dicht grünlich, gelb oder bläulich beschuppt. Auf blühenden Büschen.

2 **Silbergrauer Blatthornkäfer.** 8–9 mm. Halsschild braun, kurz behaart, Flügeldecken hellbraun, undicht grau beschuppt. Häufig auf Blüten und an Gräsern.

3 **Junikäfer.** 14–18 mm. Länglich, ziemlich gewölbt, zottig behaart, gelbbraun. Juni, Juli, abends zahlreich fliegend.

4 **Blütenscharrkäfer.** 5–7 mm. Grau oder schwarz behaart. Flügeldecken braunrot mit schwarzer Naht und schwarzen Rändern. Sandige Grasplätze; auf Blüten.

5 **Brauner Seidenkäfer.** 8–10 mm. Länglich, gewölbt, braunrot. Halsschild zweimal so lang wie breit. Ziemlich häufig; bei Tag unter Steinen und Moos; fliegt des Nachts.

6 **Garten-Laubkäfer.** 8,5–12 mm. Ziemlich flach, abstehend grau oder schwarz behaart. Kopf und Halsschild bläulichgrün, Flügeldecken rötlichbraun. Im Juni gemein.

7 **Erzfarbener Buschkäfer.** 12–15 mm. Eiförmig, stark gewölbt, Kopf und Halsschild glänzendgrün, Seitenränder des Halsschildes und Flügeldecken gelb mit grünem Glanze. Flügeldecken punktiert gestreift. Häufig auf Weidengebüsch.

8 **Maikäfer.** 20–25 mm. Fühlerkeule: M. 7-, W. 6blättrig. Larve (Engerling) im Boden. Entwicklungszeit 3–4 Jahre.

Blumenkäfer: Fühler 10gliedrig mit 3blättriger Keule. Larven in der Erde, in faulenden Pflanzen oder in Ameisenhaufen.

9 **Edelkäfer.** 14–18 mm. Schildchen stumpf dreieckig. Goldgrün, unten kupferrot. Halsschild mit feiner Längslinie. Mai, Juni, auf Blüten, besonders Holunder und Spierstaude.

10 **Rosenkäfer.** 14–20 mm. Goldgrün, Schildchen groß, länglich, dreieckig. Halsschild vor dem Schildchen tief ausgerandet. Auf Blüten, an Baumsäften; häufig.

11 **Behaarter Rosenkäfer.** 8–12 mm. Schwarz, lang gelb oder weißlich behaart. Flügeldecken mit kleinen, weißen Querflecken. Häufig auf Blüten.

12 **Marmorierter Rosenkäfer.** 19–24 mm. Bräunlich erzfarbig. Halsschild und Flügeldecken mit weißen Wellenzeichnungen. Am Saft von Weiden und Eichen.

13 **Pinselkäfer.** 10–13 mm. Kopf, Halsschild und Unterseite dicht gelb behaart. Flügeldecken gelb mit 3 schwarzen Querbinden. Häufig auf Doldenblüten, besonders im Gebirge.

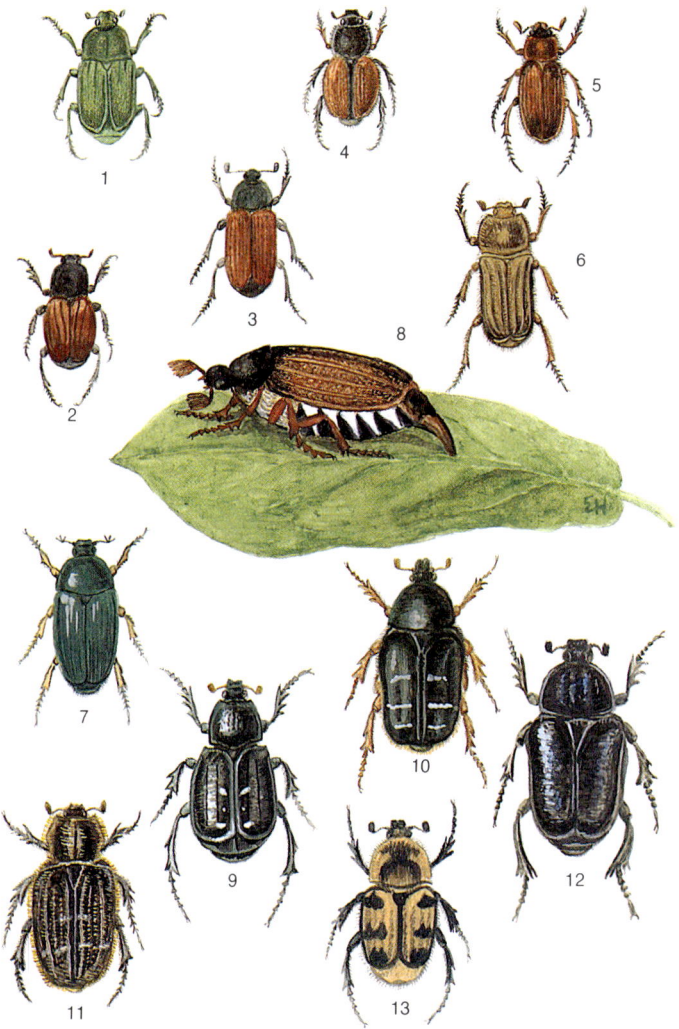

Wasserkäfer: Ähnlich den Schwimmkäfern; Mundteile aber anders. Pflanzenfresser. Schlechte Schwimmer. Mehr auf dem Grunde und an Wasserpflanzen herum. Larven z. T. Fleischfresser.

1 Kolbenwasserkäfer. 34—47 mm. In Weihern, Gräben.

Glanzkäfer: Kleine Fühler mit Keule. Flügeldecken etwas verkürzt.

2 Rapsglanzkäfer. 1,5—2,7 mm. Länglich eiförmig, metallisch grün. Auf Blüten, besonders auf Raps. Schädling.

Marienkäfer: Runde gewölbte Käferchen. Kopf weitgehend vom Halsschild verborgen. Beine einschlagbar. Käfer und Larven leben von Blattläusen. Nur der Feinpunkt-Marienkäfer ist Pflanzenfresser.

3 Feinpunkt-Marienkäfer. 3—4 mm. Fein grau behaart. Braunrot, Halsschild mit schwarzem Mittelfleck, Flügeldecken mit je 12 Punkten. Auf Klee und Luzerne.

4 Augenfleckiger Marienkäfer. 8—9 mm. Flügeldecken gelbrot, schwarz gerandet, 7—9 schwarze, gelbumsäumte Punkte.

5 Siebenpunktiger Marienkäfer. 5,5—8 mm. Gelbrot, 1 schwarzer Punkt auf der Naht, 3 auf jeder Flügeldecke.

6 Zehnpunkt-Marienkäfer. 3,5—5 mm, 10 schwarze Punkte.

7 18punktiger Marienkäfer. 3,5—5 mm. Halsschild mit 7 Punkten. Flügeldecken fleischfarbig, jede mit 8—9 Punkten.

8 16punktiger Marienkäfer. 5—7 mm. Gelbrot, Flügeldecken mit je 8 gelblichweißen Flecken. Auf Tannen, Erlen, Nußbäumen.

9 Zweipunkt-Marienkäfer. 3,5—5,5 mm. Gelbrot mit 2 schwarzen oder schwarz mit 2 roten Punkten. Gemein.

Speckkäfer: Fühler kurz, keulenförmig verdickt. Richten an Pelzen, Polstern, Wolldecken und Insektensammlungen Schaden an.

10 Gemeiner Speckkäfer. 7—9 mm. Länglich, schwarz mit heller Querbinde. In Häusern. Schädling!

11 Blütenkäfer. 3—4,5 mm. Kurz, eiförmig. Schwarz, Naht rot, Flügeldecken mit je 3 weiß beschuppten Querbinden. Auf Blüten, in Häusern. Larve an Pelzwerk.

Pillenkäfer: Eiförmig, hoch gewölbt, Kopf in das Halsschild eingezogen.

12 Gemeiner Pillenkäfer. 7—11 mm. Braun, filzig behaart.

Prachtkäfer: Länglich, metallglänzend. Fühler gezähnt oder fadenförmig. Füße 5gliedrig. Auf Bäumen. Larven unter Rinde.

13 Schwarzblauer Prachtkäfer. 12—18 mm. Grünl.-erzfarben, bläulich oder violett. Unterseite kupferig. Nadelwälder.

14 Linden-Prachtkäfer. 12—15 mm. Metallisch grün mit rotgoldenem Seitenrand. An alten Linden.

15 Brustpunkt-Prachtkäfer. 5—7 mm. Kurz und breit. Matt schwärzlich, erzfarben. Halsschild breiter als lang, mit 4 in einer Querreihe stehenden Grübchen. Auf Blüten.

Schnellkäfer: Fühler gesägt, gekämmt oder fadenförmig. Halsschild an der Basis mit vorstehenden Ecken. Auf dem Rücken liegend, vermögen sich diese Käfer emporzuschnellen. Larven länglich, gelb; meist im Boden; Wurzelfresser.

1 **Grauer Schnellkäfer.** 12–17 mm. Bräunlichschwarz, grau und hellbraun marmoriert, dicht behaart. Häufig.

2 **Kupferfarbener Kammschnellkäfer.** 11–16 mm. Fühler des M. gekämmt, des W. gesägt, Halsschild länger als breit. Violett oder grünlich metallglänzend. Auf Waldwiesen.

3 **Grüner Kammschnellkäfer.** 17–20 mm. Kopf und Halsschild grün, Flügeldecken gelb, oft mit schwarzen Spitzen. Waldränder.

4 **Roter Kammschnellkäfer.** 10–11 mm. Auf Laubbäumen.

5 **Roter Schnellkäfer.** 9–11 mm. Fühler gesägt. Kopf und Halsschild schwarz. Flügeldecken rot mit schwarzen Nahtflecken. Erlen.

6 **Brauner Laubschnellkäfer.** 10–14 mm. Flügeldecken braun, Fühler und Beine rostrot. Häufig. Weiden, Haseln.

7 **Gerandeter Schnellkäfer.** 6–8 mm. Länglich; fein grau behaart. Rotbraun. Sehr häufig in Wäldern.

Weichkäfer: Langgestreckt. Körper und Flügeldecken weich. Leben räuberisch. Larven in feuchter Erde oder unter dem Moos.

8 **Großer Johanniskäfer.** M. 11–12, W. 16–18 mm. M. bräunlichgrau. W. ungeflügelt, larvenartig. Beide mit Leuchtorganen; W. («Glühwurm») leuchtet stärker. Häufig.

9 **Brauner Fliegenkäfer.** 11–15 mm. Vorderteil des Kopfes, Fühlerwurzel und Halsschild mit Ausnahme eines schwarzen Fleckens am Vorderrande rotgelb, Flügeldecken schwarz, fein behaart. Häufig.

10 **Blaßgelber Fliegenkäfer.** 10–13,5 mm. Rötlichgelb; schwarzer Stirnfleck. Flügeldecken lehmgelb. Häufig.

11 **Erzfarbener Warzenkäfer.** 6–7 mm. Kopf und Halsschild kupfergrün, Flügeldecken rot mit grünem Fleck. Auf Blüten.

12 **Zweifleckiger Warzenkäfer.** 5,5 mm. Grün, Vorderecken des Halsschildes und Spitzen der Flügeldecken rot. Häufig auf Blüten.

Walzenkäfer: Meist behaart und bunt. Fühler allmählich verdickt oder mit 3 größeren Endgliedern.

13 **Bienenwolf.** 10–16 mm. Flügeldecken rot, schwarzblau gebändert. Räuber, auf Dolden. Larve in Bienenstöcken.

14 **Ameisenkäfer.** 7–10 mm. An Kieferstämmen.

Holzfresser: Klein, unscheinbar. Käfer und Larven meist im Holz.

15 **Möbelbohrer.** 3–4 mm. Pechbraun. In Möbelstücken. Erzeugt klopfendes Geräusch («Totenuhr»).

16 **Bunter Klopfkäfer.** 5–6 mm. In altem Eichenholz.

17 **Brotkäfer.** 2–3 mm. Flügeldecken kurz. An Speisevorräten.

18 **Bücherbohrer.** 3–5 mm. Fühler gekämmt. In Möbeln.

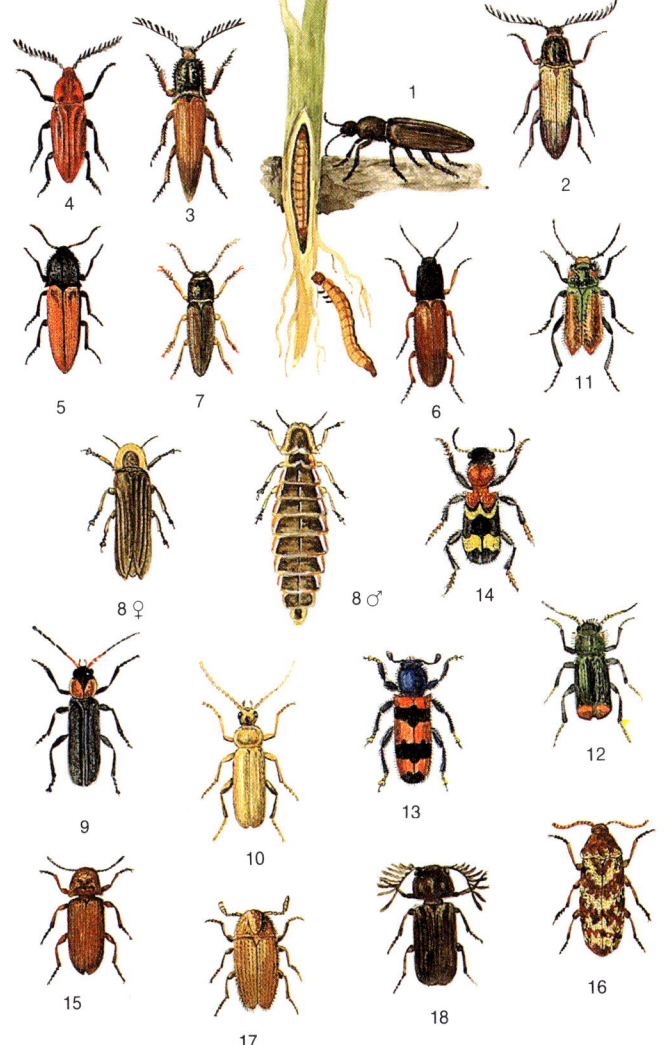

Schwarzkäfer: 1. und 2. Fußpaar 5gliedrig, 3. Fußpaar 4gliedrig. Fühler schnurförmig unter dem erweiterten Seitenrande des Kopfes eingeführt.

1 Totenkäfer. 20—27 mm. Halsschild nahezu viereckig. Flügeldecken an der Naht verwachsen, fein punktiert, nach hinten spitz ausgezeichnet. In Kellern unter faulen Brettern.

2 Mehlkäfer. 15 mm. Langgestreckt. Fühler gegen die Spitze wenig verdickt, Halsschild breiter als lang. Flügeldecken fein gestreift. In Holzmulm, im Mehl. Larve = «Mehlwurm».

3 Gelber Wieselkäfer. 7—9,5 mm. Schwefelgelb. Halsschild seitlich gerundet. Flügeldecken schwach gestreift. Auf Dolden.

Stachelkäfer: Hinterleib in eine stachelförmige Spitze ausgezogen.

4 Gebänderter Stachelkäfer. 6—9 mm. Schwarz, Flügeldecken mit weißlich behaarten Bändern. Häufig auf Doldenblüten.

Feuerkäfer: Halsschild rundlich, Flügeldecken weich, nach hinten erweitert, Fühler lang, gesägt. Larven unter der Rinde von Laubbäumen.

5 Roter Feuerkäfer. 10—14 mm. Rot, Fühler und Beine schwarz. In Laubwäldern stellenweise ziemlich häufig.

Pflasterkäfer: Kopf breiter als Halsschild, hinten stark eingeschnürt, steht senkrecht. Halsschild ohne Seitenrand. Flügeldecken und Hinterleib weich. Larven machen ihre Entwicklung als Schmarotzer in einer Bienenzelle durch.

6 Blauer Maiwurm. 10—32 mm. Glänzend dunkelblau. Fühler in der Mitte verdickt. Flügeldecken kurz, klaffend, lederartig gerunzelt. Keine Hinterflügel. Auf Wegen, im Grase; häufig.

7 Spanische Fliege. 12—21 mm. Metallisch grüner Scheitel mit Mittellinie. Flügeldecken lang, Hinterflügel vorhanden. Scheidet blasenziehende Flüssigkeit aus. Auf Eschen, Flieder, Liguster.

Engflügler: Flügeldecken nach hinten zugespitzt. Fühler lang und dünn.

8 Grünlicher Engflügler. 8—12 mm. Grau behaart, an Blüten.

9 Blauer Engflügler. 8—11 mm. Südschweiz, auch Mittelland.

Wollkäfer: Körper lang und zottig behaart. Flügeldecken nach hinten etwas erweitert, Halsschild klein, walzenförmig, schmaler als Kopf.

10 Gemeiner Wollkäfer: 7—10 mm. Kopf und Halsschild schwarz, Flügeldecken braun. Auf blühenden Sträuchern häufig.

Bockkäfer: Füße scheinbar 4gliedrig, 5. Glied sehr klein und versteckt. Fühler meist so lang oder länger als der ganze Körper. Larven im Holze.

11 Gerberbock. 24—40 mm. Seitenkante des Halsschildes mit 3 scharfen Dornen. Flügeldecken breiter als Halsschild, mit je 3 schwach angedeuteten Längsrippen. In Laubwäldern.

12 Kleiner Eichenbock. 18—28 mm. Glänzendschwarz, Fühler beim W. körperlang, beim M. länger als Körper. Halsschild an den Seiten mit einer Spitze. Buchen- und Eichenwälder.

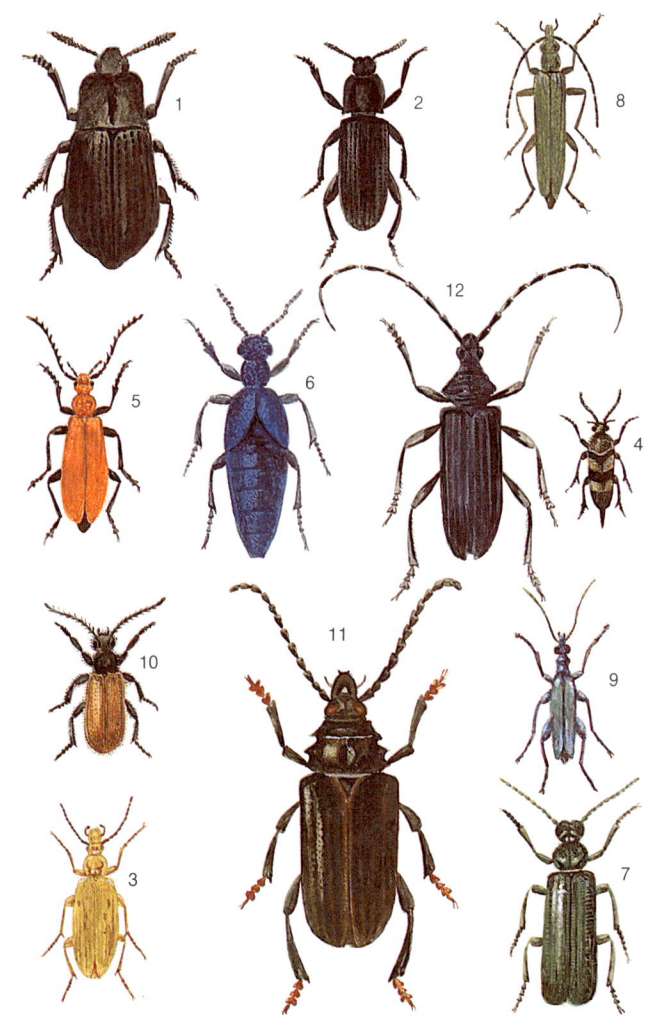

1 **Purpurbock.** 14–20 mm. Halsschild mit Seitenhöckern. Flügeldecken rot mit einem großen, schwarzen Fleck. Halsschild schwarz, vielfach roter Fleck an jeder Seite, Kopf, Fühler und Beine schwarz. Auf Pflaumen-, Kirschen-, Aprikosen-, Pfirsichbäumen. Mehr im Süden.

2 **Moschusbock.** 22–23 mm. Glänzend metallischgrün oder bronzefarben. Halsschild an jeder Seite mit einem spitzen Dorn. Flügeldecken nach hinten verengt. Fühler beim M. länger, beim W. kürzer als Körper. Nicht selten an alten Weiden.

3 **Zierbock.** 6–11 mm. Schwarz, Flügeldecken mit einigen gebogenen und einer geraden gelben Binde. Halsschild kugelig, mit gelbem Vorderrand. Fühler und Beine rötlichgelb. Auf Dolden. Mittel- und Süddeutschland, Schweiz.

4 **Dreifarbiger Zierbock.** 9–12 mm. Schwarz, Basis der Flügeldecken rotbraun, je 3 schmale, gelb behaarte Binden, Spitze gelb. Häufig auf blühenden Sträuchern.

5 **Balkenbock.** 8–20 mm. Schwarz, fein grau behaart. Fühler kurz. Halsschild breiter als lang, mit gerundeten Seiten und 2 glänzendschwarzen Höckern. Flügeldecken flach, mit undeutlicher, weiß behaarter Querbinde. In altem Tannenholz; häufig.

6 **Fichtensplintbock.** 10–18 mm. Fühler halb so lang wie Körper. Schwarz, Flügeldecken braun, Beine und Fühler braun oder schwarz. Auf Nadelholz, auch im Gebirge. Ziemlich selten.

7 **Blauer Scheibenbock.** 11–13 mm. Dunkelblau, violett oder grünlichblau. Fühler und Beine schwarz. Halsschild rundlich, Schenkel keulenförmig verdickt. An Nadelhölzern; häufig.

8 **Schenkelbock.** 9–14 mm. Schwarz, zottig behaart. Flügeldecken nach hinten pfriemenförmig verengt, klaffend. Halsschild mit 3 glatten Längsschwielen. Beine rot, Spitzen der Vorderschenkel schwarz. Ziemlich häufig auf Blüten.

9 **Weberbock.** 14–20 mm. Plump, schwarz, glanzlos, dünn gelbbräunlich behaart. Flügeldecken gekörnt. Halsschild mit einem spitzen Dorn an jeder Seite. Fühler kürzer als Körper. Tiefere Lagen; häufig an alten Weiden.

10 **Schusterbock.** 26–32 mm. Schwarz, Schildchen gelblich behaart mit vertiefter, nackter Längslinie, Flügeldecken dicht punktiert, mit gelblich behaarten Flecken. Fühler viel länger als Körper. Halsschild jederseits mit einem Dorn. Besonders im Alpengebiet an gefälltem Nadelholz.

11 **Zimmerbock.** 13–19 mm. Kurz und breit, braun, aschgrau behaart. Fühler beim W. doppelt, beim M. fünfmal so lang wie der Körper. In tieferen Lagen, an Kiefern.

1 **Pappelbock.** 22–28 mm. Schwarz, dicht grau oder bräunlichgelb befilzt. Fühler schwarz geringelt. Nicht selten; auf Pappeln.

2 **Dunkelpunktierter Trägbock.** 16–20 mm. Langgestreckt. Rötlichgelb, Kopf, Fühler und 2 Punkte auf dem Halsschild schwarz, Flügeldecken schmal, dicht graufilzig mit vielen nackten, schwarzen Punkten. Fühler kürzer als Körper. Auf Weiden, nicht selten.

3 **Kleiner Fliegenbock.** 6–13 mm. Flügeldecken stark verkürzt, bedecken die Hinterflügel nur wenig. Schwarz, Fühler, Beine und Flügeldecken rotbraun, letztere mit einer erhabenen weißen Schräglinie. Häufig auf Blüten.

4 **Weidenbock.** 16–22 mm. Gelbrot, Flügeldecken blau. Halsschild oberseits mit 2 Beulen, jederseits mit einem stumpfen Höcker. Auf Weiden und Ulmen, selten.

5 **Gemeiner Schrotbock.** 14–19 mm. Schwarz, filzig graubraun behaart, Flügeldecken schwarz gesprenkelt mit 2 rötlichgelben, an der Naht unterbrochenen Binden. Fühler kurz, Halsschild beidseitig mit einem Höcker. Häufig an Laubhölzern.

6 **Lauernder Schrotbock.** 12–15 mm. Schwarz, weißfilzig. Flügeldecken gelbbraun, schwarz gesprenkelt mit 2 schwarzen Binden, Fühler und Halsschild wie Nr. 5. Häufig an Weißtannen und Fichten.

7 **Doppeltgebänderter Schrotbock.** 14–18 mm. Schwarz, Seiten und Spitzen der Flügeldecken rotbraun, jede mit 2 schiefen, gelben, die Naht nicht erreichenden Binden. Fühler und Halsschild wie Nr. 5. An Nadelhölzern.

8 **Schwarzer Heckenbock.** 16–23 mm. M. ganz schwarz, W. schwarz, Fühler, Schenkelbasis und Füße braun, Flügeldecken mit braunem Seitenrande und je einer braunen Längsbinde. Halsschild jederseits mit einem Dorn. In Nadelwäldern, besonders Alpen und Jura.

9 **Vierfleckiger Heckenbock.** 11–19 mm. Schwarz, Flügeldecken gelb, jede mit 2 großen schwarzen Flecken. Häufig auf Doldenblüten, besonders in den Voralpen.

10 **Blauer Strauchbock.** 9–12 mm. Halsschild in der Mitte höckerförmig erweitert. Schwarz, Bauch rot, Flügeldecken grün, blau oder violett. Halsschild zuweilen rot. Auf Blüten häufig, besonders im Gebirge.

11 **Rothalsiger Strauchbock.** 7–9 mm. Schwarz. Halsschild kugelig gewölbt, rot. Bauch rot, Flügeldecken schwarzgrün, violett oder dunkelblau. Sehr häufig auf Blüten.

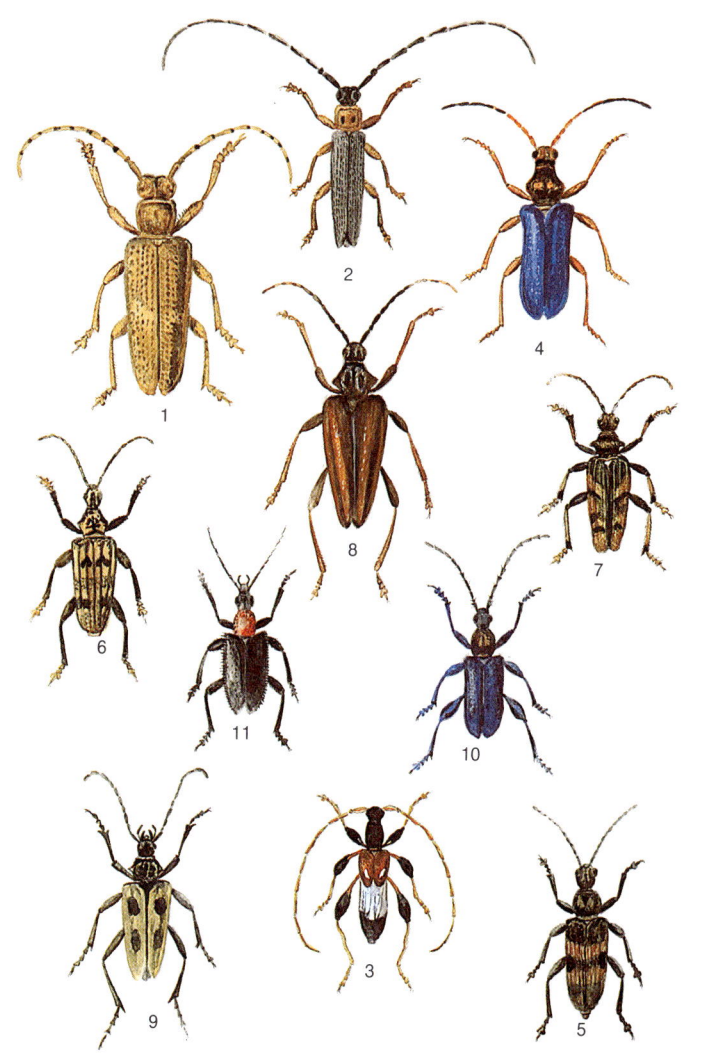

1 **Gefleckter Schnürbock.** 15–17 mm. Schwarz, Wurzeln der Fühlerglieder, Beine und Flügeldecken gelb, letztere mit je 4 schwarzen
Binden. Auf Doldenblüten, häufig im Gebirge.

2 **Schwarzspitziger Schnürbock.** 7–9 mm. Schwarz, Flügeldecken
rötlichgelbbraun (M.) oder rot (W.), Naht schwarz, Flügelspitzen
schwarz. Häufig auf Doldenblüten.

3 **Roter Schmalbock.** 12–18 mm. M.: Halsschild schwarz, Flügeldek-
ken bräunlichgelb. W. rot. Auf Blüten.

Blattkäfer: Fühler kurz, fadenförmig. Kopf meist einziehbar. Körper länglich oder
eiförmig, meist unbehaart und glänzend.

4 **Rotrandiger Rohrkäfer.** 8–11 mm. Länglich. Braunerzfarbig, Flügeldecken nach hinten verengt, mit je einem purpurroten Längsstreifen. An Igelkolben und Seggen.

5 **Lilienhähnchen.** 6–8 mm. Schwarz, Halsschild und Flügeldecken
gelbrot, letztere breiter als Halsschild. Häufig auf Lilien.

6 **Spargelkäfer.** 5–6,5 mm. Gelbrot, jede Flügeldecke mit 6 gelben
Flecken. Häufig auf Spargeln.

7 **Bunter Spargelkäfer.** 5–6,5 mm. Schwarz oder blaugrün, Halsschild rot, Flügeldecken mit rotem Seitenrand und je 3 weißgelben Flecken. Häufig auf Spargeln.

8 **Schildkäfer.** 5–7,5 mm. Halsschild und Flügeldecken schildförmig
ausgebreitet, Kopf und Körper ganz überdeckend. Rostbraun, unregelmäßig schwarz gefleckt. Häufig.

9 **Großer Tatzenblattkäfer.** 11–18 mm. Schwarz, rundlich, hoch gewölbt, Fußglieder breit. An Labkraut.

10 **Blauer Blattkäfer.** 4–5 mm. Langgestreckt, grünlichblau oder
blau. Häufig auf Weiden.

11 **Rotsaum-Blattkäfer.** 7–9 mm. Breit elliptisch. Schwarz, Seitenrand der Flügeldecken rot. Auf Wegen, im Grase.

12 **Gelbbrauner Blattkäfer.** 6–9 mm. Eiförmig, rotbraun mit schwachem Metallglanz. Häufig, auch im Gebirge.

13 **Glatter Blattkäfer.** 6,5–8,5 mm. Elliptisch. Kopf, Halsschild und
Unterseite goldgrün. Flügeldecken braunrot. Auf Minzen.

14 **Violetter Blattkäfer.** 6–9 mm. Elliptisch. Metallischblau oder
blaugrün. Häufig, auf Minzen.

15 **Glänzender Blattkäfer.** 5–7 mm. Längl. elliptisch, hoch gewölbt.
Glänzendgoldgrün, die Naht und ein Längsstreifen auf jeder Flügeldecke violett. Häufig auf Hohlzahn.

16 **Prächtiger Blattkäfer.** 6–10 mm. Oval. Glänzendgrün oder goldgrün, Naht und eine Längsbinde auf jeder Flügeldecke schwarzblau. In den Alpen häufig.

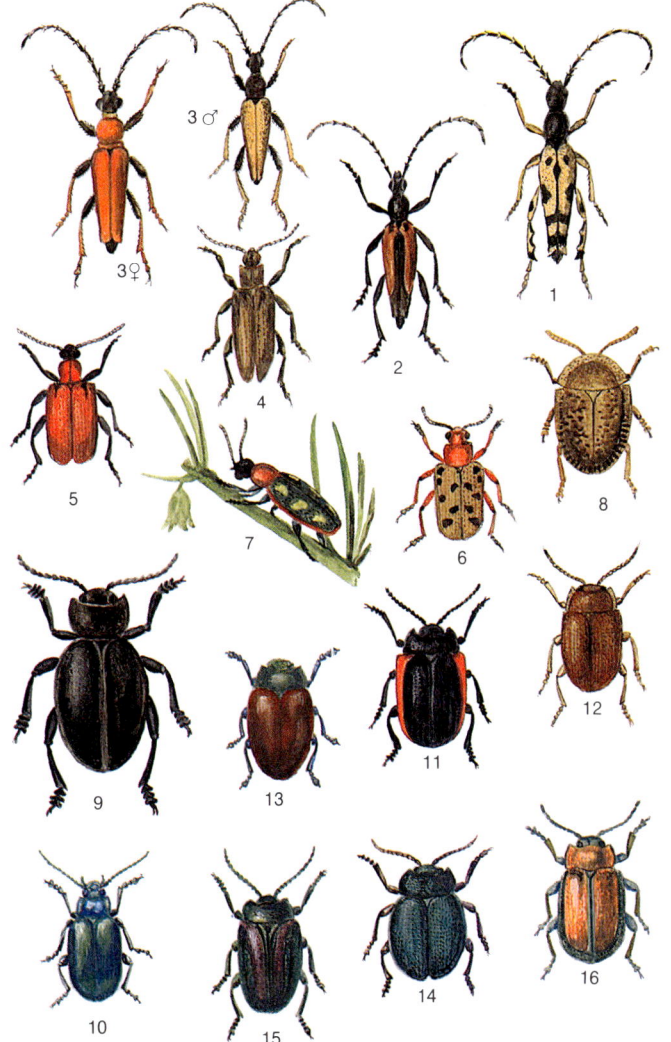

1 **Pappelblattkäfer.** 10–12 mm. Verkehrt eiförmig. Flügeldecken ziegelrot mit schwarzer Spitze. Pappeln. Weiden.

2 **Kartoffelkäfer.** 10–11 mm. Braungelb, schwarz gefleckt und gestreift. An Kartoffelkraut. Schädling!

3 **Seidenglänzender Fallkäfer.** 7–8 mm. Kopf eingezogen. Goldgrün oder blaugrün. Auf Korbblütlern; häufig.

4 **Zweipunkt-Fallkäfer.** 4–6 mm. Kopf und Halsschild schwarz, Flügeldecken gelbrot, schwarz gefleckt. Häufig auf Wiesen.

5 **Gemeiner Busch-Blattkäfer.** 4–6 mm. Flügeldecken nach hinten etwas erweitert. Halsschild mit schwarzen Grübchen. Auf Weiden.

6 **Gemeiner Fruchtblattkäfer.** 6–12 mm. Flügeldecken breiter als Halsschild, bauchig erweitert, grob punktiert. Häufig im Grase.

Rüsselkäfer: Kopf rüsselartig verlängert, Fühler gekniet mit verlängertem Wurzelglied und keulig verdicktem Ende. Pflanzenfresser. Larven im Holz, im Mark, in Wurzeln, Früchten, Samenkörnern. Viele Schädlinge!

7 **Haselnußwickler.** 6–8 mm. Rot. Kopf schwarz. Auf Haselbüschen. Larven in eingerollten Blättern.

8 **Pappelwickler.** 4,5–6 mm. Metallisch grün oder blau.

9 **Gefurchter Heiderüßler.** 10–16 mm. Schwarz, dicht grauweiß behaart, Halsschild längsgestreift, Flügeldecken mit je 2–3 dunklen Schrägbinden. An Disteln.

10 **Großrüßler.** 14–16 mm. Schwarz mit gelb behaarten Flecken auf Flügeldecken und Halsschild. Häufig.

11 **Gezeichneter Weidenrüßler.** 7–11,5 mm. Dunkel, Halsschild mit 2 weiß beschuppten Längslinien, Flügeldecken mit je einem weißen Schuppenfleck. Häufig auf Weiden.

12 **Fichtenrüßler.** 10–13 mm. Schwarz mit gelblichen Schuppenflecken. Flügeldecken gestr., punktiert. Nadelwälder.

13 **Veränderlicher Spinnrüßler.** 4,5–5,5 mm. Schwarz, grau beschuppt. Halsschild mit 2 dunklen, nackten Punkten, Flügeldecken braun punktiert. Auf Klee und Esparsette.

14 **Strauchrüßler.** 7–12 mm. Fleckig beschuppt. Häufig.

15 **Erlen-Blattnager.** 8–12 mm. Länglich. Schwarz oder braun, grau oder grün beschuppt. Beine rostrot. Häufig.

16 **Großer Fichten-Lappenrüßler.** 6,5–12 mm. Länglich eirund, schwarz. Beine rot mit schwarzen Knien. Auf Nadelhölzern.

17 **Erlenrüßler.** 5,5–9 mm. Hoch gewölbt, schwarz oder pechbraun, Seiten des Halsschildes und hinterer Teil der Flügeldecken weiß beschuppt. Auf Erlen und Weiden.

Borkenkäfer: Klein, Körper walzenförmig, hinten abgestutzt, Kopf dick, eingezogen, Fühler gekniet, mit Endkeule. Unter der Rinde oder im Splint.

18 **Eschenborkenkäfer.** 3 mm. Unter Eschenrinde.

Hautflügler

Blatt- und Holzwespen: Hinterleib breit, ohne Einschnürung mit der Brust verwachsen. Kopf breiter als lang, Mundteile kauend. Vorderschienen mit 1 (Holzw.) oder 2 (Blattw.) Endspornen. W. mit sägeartigem Legapparat. Besuchen Blüten oder leben räuberisch. Larven raupenähnlich; Pflanzenfresser.

1 **Schwarzrückige Blattwespe.** 12–13 mm. Fühler schwarz. Mittelbrust und Bauchseite des Hinterleibes grünlich, Hinterleibsrücken beim M. schwarz, beim W. schwarz mit grünlichen Segmenträndern. Larve auf Knöterich und Bärenklau.

2 **Grüne Blattwespe.** 9–10 mm. Grün, Kopf und Brustrücken schwarz gezeichnet, Hinterleibsrücken schwärzlich. Häufig.

3 **Wiesenblattwespe.** 8 mm. Kopf und Brust schwarz, Hinterleib schwarz-rot, Flügel grau getrübt. Larve an Simse.

4 **Kiefernbuschhornblattwespe.** 7 mm. Kopf kurz, sehr breit, Körper kurz, eiförmig. M. schwarz, W. mehr braun. Larve auf Kiefern. Schädling!

5 **Gespinstblattwespe.** 7–10 mm. Leib breit und flachgedrückt. Kopf und Brust schwarz, Hinterleib gelbbraun. Larve an Erlen und Birken, in selbstverfertigter Blattröhre.

6 **Holzwespe.** 12–40 mm. Fühler gelb, Kopf und Brust schwarz, Hinterleib beim W. gelb mit breiter schwarzer Binde, beim M. rotbraun, Basis und Spitze schwarz. Vorderbrust an der Rückenseite hinten ausgeschnitten. Vorderschienen mit 1 Sporn. W. mit langer Legeröhre. Larven in Nadelbäumen.

Schlupfwespen: Fühler meist gekniet, wenigstens 16gliedrig, mehr oder weniger eingerollt. Hinterleib der Brust durch ein dünnes, stabförmiges Glied angefügt. Vorderflügel am Vorderrande mit schwarzem Fleck (Stigma). Unterseite des Hinterleibes weichhäutig. W. mit Legestachel. Legt Eier in eine Raupe, ein Insektenei, ein fertiges Insekt oder eine Spinne. Larven leben als Schmarotzer im Wirtstier. Vernichten viele Schädlinge!

7 **Schlupfwespe.** 22–28 mm. Brust schwarz mit gelbem Schildchen und je einer gelben Linie an der Flügelwurzel. Hinterleib schmutzig rotgelb bis auf den schwarzen Hinterleibsstiel. In Nadelwäldern. Larve in Schwärmerraupen.

8 **Schwarze Schlupfwespe.** 15–18 mm. Schwarz, Beine rot. Häufig. Befällt verschiedene Raupenarten.

9 **Weißlingsschmarotzer.** 2,5 mm. Glänzendschwarz, Beine gelbbraun. Larve in Weißlingsraupen, kommt vor der Verpuppung heraus und umgibt sich mit einem Kokon.

10 **Riesenschlupfwespe.** 33 mm. Schwarz, Kopf, Brust und Hinterleib mit weißgelben Flecken. Beine rot. W. mit sehr langem Legestachel; sticht Holzwespenlarven an.

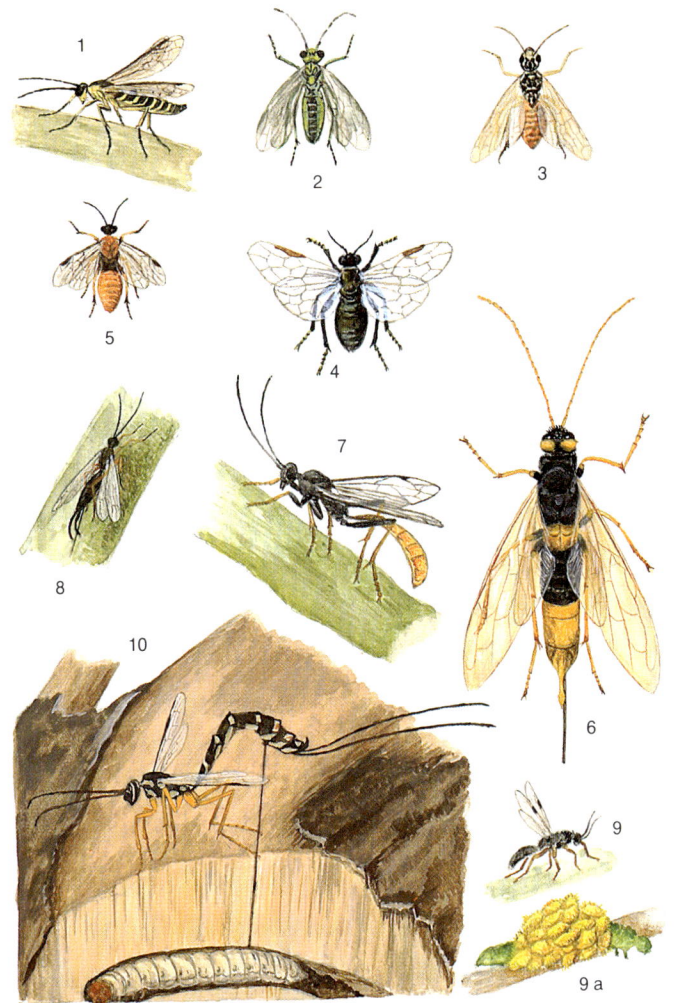

Gallwespen: Fühler nicht gekniet. Vorderflügel ohne Stigma. Hinterleib eiförmig, seitlich zusammengedrückt, Unterseite nicht weichhäutig. 1. Ring stielförmig. W. mit Legstachel; legen Eier in Pflanzengewebe, worauf sich Gallen bilden, die den Larven als Gehäuse dienen. Oft Generationswechsel.

1 Cynips kollari. 5 mm. Gelbrot, seidig behaart. Gallen an Eichenknospen, 12–18 mm im Durchmesser, gelblichbraun, glatt.

2 Rosengallwespe. W. 3,7–4,3 mm. Schwarz, vordere Hälfte des Hinterleibes und Beine gelbrot. M. 2,4–3 mm, fast ganz schwarz. Galle an Rosen, erbsen- bis faustgroß, mit fadenförmigen, moosartig verzweigten Fortsätzen, grün bis rot.

3 Eichengallwespe. 2 Generationen: Nov. und Dez.: 3–4 mm, Hinterleib glänzendschwarz, Kopf und Brust braun; aus kugeligen Gallen auf der Unterseite von Eichenblättern. Mai, Juni: 2–3 mm, schwarz, Beine rostgelb, Hinterleib kurz gestielt aus rötlichen, behaarten Gallen an Eichenknospen.

Ameisen: Fühler gekniet. Hinterleibsstiel 2gliedrig (Knotenameisen) oder 1gliedrig (übrige Unterfamilien); in letzterem Falle Stielchen mit aufrecht stehender Schuppe. Staatenbildend. M. und W. geflügelt, W. verlieren aber Flügel nach der Paarung. Arbeiter (verkümmerte W.) ungeflügelt.

4 Knotenameise. 7–8,5 mm. Hinterleibsstiel 2gliedrig, beide Glieder knotig. Hinterleibrücken mit 2 stumpfen Höckern. Rotbraun. Kleine Krater in lehmigem Boden. Sticht.

5 Roßameise. Bis 14 mm. Rotbraun, Hinterleib schwarzbraun. Nestgänge in abgestorbenen oder lebenden Bäumen.

6 Amazone. 6–8 mm. Rotbraun. Sichelförmige Kiefern. Hält «Sklaven» aus Puppen anderer Ameisen. Mehr im Süden.

7 Glänzendschwarze Holzameise. 4–5 mm. Schuppe des Stielchens schmal, senkrecht. Stechender Geruch. Kartonnest in Bäumen, Baumstrünken und Balken.

8 Schwarze Wegameise. 2,5 mm. Kopf und Hinterleib schwarz, Brust bräunlich. Schuppe wie Nr. 7. Überall gemein. Nest in der Erde von Erdkuppe überdeckt. Züchtet Blattläuse.

9 Bernsteingelbe Ameise. 2–4 mm. Brust gelb, Kopf und Hinterleib rötlich. Nest unter Steinen, in der Erde, mit Erdkuppe.

10 Rote Waldameise. 4–9 mm. Schuppe groß, Haufen aus Tannnadeln, Holzstücken usw. Wälder, Wiesen.

11 Blutrote Raubameise. 6–9 mm. Ähnlich Nr. 10, kräftiger. Rostrot. Sklavenjägerin. Haufen klein und flach.

12 Schwarzbraune Ameise. 5–7 mm. Kleine Kolonien. Nest unter Steinen. Im Gebirge bis 2600 m.

Ameisenwespen: W. ungeflügelt, ameisenähnlich. M. geflügelt. Fühler nicht gekniet. Larven als Schmarotzer in Larven anderer Hautflügler.

13 Ameisenwespe. 10–14 mm. Larve in Hummellarven.

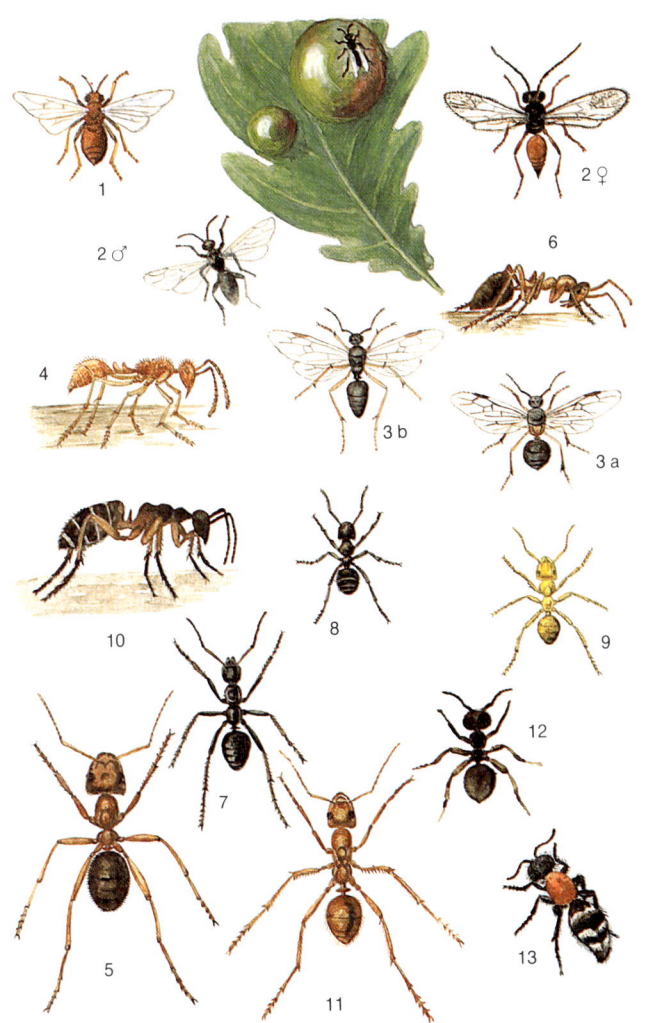

1

2 ♂

2 ♀

6

4

3 b

3 a

10

8

9

7

5

11

12

13

Dolchwespen: 1. und 2. Hinterleibring durch eine tiefe Einschnürung auf der Bauchseite getrennt. Larven als Schmarotzer in Käferlarven.

1 Rotschenklige Rollwespe. 9–10 mm. Glänzendschwarz, beide hinteren Beinpaare braunrot. Auf Doldenblüten.

Goldwespen: Leuchtende Farben. Hinterleib kurz, nur 3–5 Ringe sichtbar, oben gewölbt, unten flach. Fliegen an heißen, trockenen Orten. Larven schmarotzen in den Nestern einzellebender Bienen und Wespen.

2 Österreichische Goldwespe. 8–10 mm. Kopf und Brust blau, Hinterleib kupferig goldrot.

Faltenwespen: Vorderflügel in der Ruhe längsgefaltet. Fühler gekniet, am Ende dick keulenförmig. Augen nierenförmig. Hinterleib mit Brust sehr beweglich verbunden. Leben räuberisch, gehen aber auch an Beeren, Früchte, süße Säfte. W. und Arbeiter mit Giftstachel ausgerüstet.

3 Hornisse. Bis 30 mm. Kopf breit, rotbraun. Fühler braun. Brust und erste Hinterleibsringe pechbraun mit roter Zeichnung, Hinterleibsspitze bräunlichgelb. Gesellig. Nest in hohlen Bäumen, Erdlöchern, Gebäuden.

4 Deutsche Wespe. 13–19 mm. Schwarz, gelb gezeichnet. Fühler schwarz. Gesellig. Nest unterirdisch, aus einem löschpapierähnlichen Stoff. Häufig.

5 Feldwespe. 10–16 mm. Hinterleib spindelförmig. Gesellig. Nest gestielt, ohne Umhüllung, an Stein oder Mauer.

6 Lehmwespe. 22–25 mm. 1. Hinterleibsring lang, stielförmig, 2. Ring glockenartig erweitert. Einzeln lebend. Kleines, rundliches Nest aus Lehm. Trägt Raupen ein. Mehr im Süden.

7 Mauerwespe. 11–15 mm. Hinterleib nicht gestielt. Niströhre in Erdwänden und Mauern; vor dem Flugloch nach unten gekrümmter Vorbau. Trägt Blattkäferlarven ein.

Grabwespen: Vorderrücken reicht nicht wie bei den anderen Wespen bis zur Flügelbasis. Graben Röhren in den Sandboden oder in Lehmwände, in die sie ihre Eier legen. Nahrung für die Larven: gelähmte Raupen, Insekten oder Spinnen.

8 Kreiselwespe. 25 mm. Oberlippe schnabelartig verlängert. Hinterleib ungestielt. Nest im Sande.

9 Sandwespe. 20 mm. Hinterleibsstiel 2gliedrig, länger als der übrige Hinterleib. Schwarz, Ende des Stieles und Basis des verdickten Hinterleibes rot. Trockene, sandige Gegenden.

10 Behaarte Sandwespe. 15–18 mm. Hinterleibsstiel eingliedrig, kürzer als bei Nr. 9. Basis des Hinterleibes rot.

Wegwespen: Vorderrücken berührt Flügelwurzel, Hinterleib nicht gestielt. Beine lang und dünn. Lebensweise wie Grabwespen.

11 Gemeine Wegwespe. 12–14 mm. Erste 3 Hinterleibsringe rot mit braunschwarzem Rand. Flügel bräunlich. Läuft behend.

Bienen: Vorderbrustrücken reicht nicht bis zur Flügelbasis. Im Gegensatz zu allen anderen Hautflüglern 2 Schenkelringe. 1. Fußglied des Hinterbeines verbreitert, Fühler gekniet. Meist dicht behaart. Leben von Nektar und Blütenstaub. Meist Sammelvorrichtungen an Hinterbeinen oder Bauch.

1 **Viergürtelige Schmalbiene.** 8 mm. Schwarz, Brust bräunlichgelb bis weißlich behaart, Hinterleib mit 4 weißen Binden. 5. Hinterleibsring beim W. mit einer kahlen, glatten Längsfurche. M. mit schnauzenförmig verlängertem Kopf. Beinsammler. Wabenähnliche Zellen in Lehmwänden, im Boden.

2 **Erdbiene.** 10–11 mm. Dicht graugelb behaart. Beinsammler. Röhre im Erdboden; oft Kolonien.

3 **Holzbiene.** 20–28 mm. Groß, hummelartig. Körper und Flügel schwarzblau. Beinsammler. In Zellen eingeteilte Röhre im Holz. Mehr im Süden.

4 **Pelzbiene.** 13–15 mm. Gedrungen; dicht behaart. Brust sowie 1. und 2. Hinterleibsring graubraun bis rotbraun, hintere Ringe schwarz. Beinsammler. Mehrästige Röhre, in Zellen eingeteilt. Mehr im Süden.

5 **Mauerbiene.** 13–16 mm. Kopf und Brust dicht schwarz, Hinterleib rot behaart. Bauchsammler. Zellen in Löchern.

6 **Blattschneiderbiene.** 10–12 mm. Körper breit, Hinterleib flach. Schwarz, Kopf, Brust und Hinterleibsbasis bräunlichgelb behaart, Hinterleib gelblich gebändert. Bauchsammler. W. mit roter Bauchbürste. Zellen in Löchern, aus Blattstücken.

7 **Mörtelbiene.** 14–18 mm. W. schwarz behaart, rote Bauchbürste, schwarzblaue Flügel. M. kleiner, braungelb mit schwärzlichem Hinterleibsende. Nest an Felswänden, Mauern, flach halbkugelig, aus Sandkörnern und Steinchen.

8 **Erdhummel.** 24–28 mm. Groß und dick. Samtschwarz, Brust und 2. Hinterleibsring mit gelber Binde, Hinterleibsspitze weiß. Gesellig. Nest im Boden, oft in Mäuselöchern. Häufig.

9 **Steinhummel.** 24–26 mm. Schwarz, Hinterleibsspitze tief karminrot. Beim M. Vorderbrust mit gelber Binde. Gesellig. Nest unterirdisch. Häufig.

10 **Ackerhummel.** 18–22 mm. Kopf länger als breit. Kopf und Brust braungelb, Hinterleib graugelb. Gesellig, Nest oberirdisch, in Mauern, Gebäuden, alten Vogelnestern. Häufig.

11 **Schmarotzerhummel.** 20–22 mm. Langsamer, träger als echte Hummel. W. ohne Sammelapparat. Flügel schwärzlich. Hinterleib schwarz mit roter Spitze. Lebt als Schmarotzer im Nest der Steinhummel.

12 **Honigbiene.** Hinterschienen im Gegensatz zu allen anderen Bienen ohne Sporn. Gesellig. Waben aus Wachs.

Zweiflügler

Mücken, Fühler lang – Erdschnaken: Fühler lang, fadenförmig. Beine lang, dünn. Mittelbrust mit V-förmiger Querfurche. W. mit Legeröhre. Larven: Walzenförmige Maden. Wurzelfresser. Schädlinge!

1 **Riesenschnake.** 34 mm. Flügel hellbraun gescheckt. Wiesen.
2 **Kohlschnake.** 22–26 mm. Oberseite dunkel längsgestreift. Häufig. Wiesen, Felder, Gärten.

Wasserschnaken: Kleine, zart gebaute Arten. M. mit verkümmerten Mundteilen und 15gliedrigen, büschelig behaarten Fühlern. W. mit Stechrüssel und 14gliedrigen, spärlich behaarten Fühlern. Beine lang. Körper und Flügeläderung fein beschuppt. Larven im Wasser.

3 **Stechmücke.** 6 mm. Mittelleib gelbbraun mit 2 dunklen Längsbinden. Flügel glasklar. In wasserreichen Gegenden.
4 **Gabelmücke.** 6–8 mm. Taster so lang wie Rüssel. Flügel braun gefleckt. Sitzt mit schräg aufgerichtetem Hinterleib. Stellenweise häufig. In Südeuropa Überträgerin der Malaria.

Zuckmücken: Den Stechmücken ähnlich, Rüssel verkümmert. Larven im Wasser.

5 **Federmücke.** 10–12 mm. Mittelleib gelblich oder grünlich, oben 3 graue Streifen. Flügel milchweiß, schwarzer Punkt nahe Mitte des Vorderrandes. Oft in riesigen Schwärmen.

Kribbelmücken: Sehr klein, Hinterleib kurz und dick, Flügel breit, überragen das Hinterleibsende. Fühler kaum länger als Kopf. Beine kurz. W. mit Stechrüssel.

6 **Kribbelmücke.** 4 mm. Dunkelbraune Mücke. Sticht.

Fliegen, Fühler kurz, weniggliedrig – Waffenfliegen: Unbehaart. Hinterleib breit, flach. Auf Blüten. Larven im Boden oder im Wasser.

7 **Waffenfliege.** 8 mm. Hinterleib gelb gezeichnet. Schildchen mit 2 Dornen. Schienen und Füße gelb.

Schnepfenfliegen: Zierlich, langbeinig, unbehaart. Hinterleib schlank zugespitzt. Langer, nach unten gerichteter Rüssel. Leben räuberisch. Larven im Wasser, in der Erde, als Schmarotzer in Käfern.

8 **Schnepfenfliege.** 9 mm. Brust dunkel längsgestreift. Hinterleib gelb, jeder Ring oben mit braunem Fleck. Beine gelb.

Bremsen: Unbehaart. Kopf scheibenförmig. Augen sehr groß. W. mit Stechrüssel. Blutsauger. Flügel überragen den kräftigen Hinterleib. Larven in feuchter Erde, unter Steinen, in faulendem Holz. Leben räuberisch.

9 **Rinderbremse.** 22 mm. Braun, Hinterleib an der Basis mehr gelbbraun, jeder Ring mit hellem Hinterrand.
10 **Regenbremse.** 8 mm. Brust dunkel längsgestreift, Hinterleib dunkelbraun. Flügel bräunlich gefleckt. Sticht vor Gewittern.
11 **Goldaugenbremse.** 11 mm. Augen goldgrün. Flügel dunkel gebändert. Hinterleib an der Basis weiß mit brauner Rückenzeichnung; Spitze schwarzbraun. Auf Blüten.

Raubfliegen: Behaart, langgestreckt. Augen groß, dazwischen tiefe Einsattelung. Rüssel schräg nach vorne gerichtet. Beine lang, zum Greifen eingerichtet. Leben räuberisch. Larven in Erde, faulendem Holz. Jagd auf andere Insektenlarven.

1 **Mordfliege.** 20–26 mm. Schwarz. Am Untergesicht ein blaßgelber Bart; erste 3 Hinterleibsringe schwarz, übrige weiß-gelb befilzt. Waldränder, Lichtungen. An Baumstämmen.

2 **Hornissenartige Raubfliege.** 15–24 mm. Kopf, Schultern, einige Streifen auf dem Brustrücken, Schenkel und Füße gelbbraun; erste 3 Hinterleibsringe samtschwarz, übrige leuchtendgelb. Sonnige, trockene Orte.

Tanzfliegen: Behaart. Harter, meist langer, abwärts gerichteter Stechrüssel. Kopf klein, Brust hoch gewölbt. Hinterleib lang, Beine lang. Lieben feuchte Orte. Tanzen schwarmweise über dem Wasser oder im Walde. Larven im Boden, im Moos, in faulendem Holz.

3 **Gewürfelte Tanzfliege.** 10 mm. Bräunlichgrau, auf dem Brustrücken 3 schwarze Längsstreifen, Hinterleib mit würfelartigen lichteren Flecken. Im Gebüsch auf Doldenblüten.

Wollschweber: Dicht behaart, lange dünne Beine, meist langer Rüssel. Sehr gute Flieger. Besuchen Blüten. Larven als Schmarotzer in anderen Insektenlarven.

4 **Trauerschweber.** 10 mm. Tiefschwarz. Hinterleib mit 2 weißen Binden. Flügel braun, Hinterrand und Spitze glashell. Wälder.

5 **Großer Wollschweber.** 11 mm. Rüssel 10 mm. Pelzig behaart; oben gelblichbraun, unten weiß.

Schwebefliegen: Meist unbehaart. Flügel mit einer längsaderähnlichen Falte. Fühler auf der Oberseite mit Borste. Gute Flieger. Besuchen Blüten. Larven verschieden; Pflanzenfresser, Räuber, Allesfresser.

6 **Schwebefliege.** 14 mm. Augen braun, Brust schwarz, Hinterleib schwarz mit gelben Binden, davon die ersten unterbrochen.

7 **Sonnenschwebefliege.** 16 mm. Brust mit gelben Längsstreifen, Hinterleib schwarz mit gelber, unterbrochener Binde.

8 **Hummelschwebefliege.** 16 mm. Dicht behaart. Schwarz, Hinterleibsende fuchsrot.

9 **Mistbiene.** 16 mm. Schwarz. Augen braun, Hinterleib gelb gebändert. Larve mit langem Atemrohr (9 a); in Jauche.

Tauffliegen: Klein, Hinterleib plump, Flügel kurz und breit, das Hinterleibsende überragend. Fühler mit gefiederter oder gekämmter Borste. Larven in faulenden Früchten, Essig, Kot und Pflanzen.

10 **Fruchtfliege.** 2,5 mm. Gelbbraun, Hinterleib dunkler. Augen rot. An überreifen Früchten.

Lausfliegen: Körper breit, flachgedrückt. Kopf in die Brust eingesenkt. Beine kräftig, mit Klauen versehen. Flügel verkümmert oder ganz fehlend. Haut zäh, lederig. Schmarotzen an Säugetieren und Vögeln.

11 **Seglerlaus.** 6 mm. Gelbbraun, Basis des Hinterleibes schwarz. Schmale sichelförmige Flügel. An Mauer- und Alpenseglern.

Dungfliegen: Behaart. Rüssel hornig glänzend. Hinterleib länglich oval. Beine lang. Maden in Kot.

1 Gemeine Dungfliege. 11 mm. Dicht gelblich behaart. Vorderrand der Flügel rötlich, in der Mitte schwarzer Fleck. Räuber.

Dasselfliegen: Dicht behaart, robust gebaut; Mundteile verkümmert. Larven leben als Schmarotzer in Säugetieren.

2 Dasselfliege. 14 mm. Schwarz, vordere Hälfte der Brust grau, Hinterleib grauweiß, 1. und 3. Ring schwarz, Spitze gelb. W. mit vorstreckbarer Legröhre. Larve in Rindern, richtet durch Verderben von Fleisch und Häuten großen Schaden an.

Echte Fliegen: Rüssel fleischig, nicht stark vorstehend. Fühlerborste fiederhaarig. Nicht Blutsauger.

3 Hausfliege. 8 mm. Grau, Brust mit 3 schwarzen Längsstreifen. Hinterleib beim M. graubraun, beim W. grau mit dunkler Zeichnung. Legt Eier an Dung und faulige Stoffe. Wird durch Verunreinigung von Nahrungsmitteln sehr gefährlich!

4 Mesembrina mystacea. 15 mm. Dickleibig, pelzig behaart. Brust gelbbraun, Basis des Hinterleibes schwarz, Endteil weiß. Flügel mit gelber Wurzel. Am Wasser. Larve in Kot.

5 Blaue Schmeißfliege. 11 mm. Stahlblau. Backen rot, schwarz behaart. Legt Eier an Fleisch und Aas.

6 Goldfliege. 9 mm. Goldgrün oder blau schillernd. Legt Eier an Fleisch, Aas, in offene Wunden.

7 Krötenfliege. 8 mm. M. blaugrün, W. kupferfarbig. 2 starke Borsten am 2. Hinterleibsring. Legt Eier in die Nasenlöcher von Kröten und Fröschen, die von den Maden bei lebendigem Leibe aufgefressen werden. In Laubwäldern.

Stechfliegen: Rüssel hornig, lang vorgestreckt. Blutsauger.

8 Wadenstecher. 8 mm. Der Hausfliege sehr ähnlich. Besonders in der Nähe von Ställen. Made in Kuhmist.

Fleischfliegen: Fühlerborste nur an der Basis behaart, Spitze nackt.

9 Gemeine Fleischfliege. 15 mm. Brust weißlichgrau mit dunkleren Längsstreifen, Hinterleib dunkel und hell schillernd, würfelartig gemustert. Lebendiggebärend. Setzt Maden an Fleisch, Aas oder in offenen Wunden ab.

Raupenfliegen: Fühlerborste meist nackt oder nur schwach behaart. Körper mit langen Borsten besetzt. Auf Blüten. Larven in Raupen.

10 Igelfliege. 7–12 mm. Stachelborstig. Hinterleib rostgelb, mit schwarzem Längsstreifen, Fühler und Beine rostgelb. Larve in Spinner- und Eulenraupen.

11 Wanzenfliege. 11 mm. Brust grau, Hinterleib rostgelb und schwarz. Flügelwurzeln gelblich. Larve in Wanzen.

Register

Hallwag
Taschenbücher

(Herbst 1979)